सेक्स
राज़-रहस्य

सुरेन्द्र नाथ सक्सेना

वी एण्ड एस पब्लिशर्स

प्रकाशक

वी एण्ड एस पब्लिशर्स

F-2/16, अंसारी रोड, दरियागंज, नई दिल्ली-110002
☎ 23240026, 23240027 • *फैक्स:* 011-23240028
E-mail: info@vspublishers.com • *Website:* www.vspublishers.com
Online Brandstore: ***amazon.in/vspublishers***

क्षेत्रीय कार्यालय : हैदराबाद
5-1-707/1, ब्रिज भवन (सेन्ट्रल बैंक ऑफ इण्डिया लेन के पास)
बैंक स्ट्रीट, कोटी, हैदराबाद-500 095
☎ 040-24737290
E-mail: vspublishershyd@gmail.com

शाखा : मुम्बई
जयवंत इंडस्ट्रिअल इस्टेट, 1st फ्लोर-108, तारदेव रोड
अपोजिट सोबो सेन्ट्रल, मुम्बई - 400 034
☎ 022-23510736
E-mail: vspublishersmum@gmail.com

BUY OUR BOOKS FROM: AMAZON FLIPKART

© **कॉपीराइट:** वी एण्ड एस पब्लिशर्स

ISBN 978-93-505769-2-2
संस्करण 2021

DISCLAIMER

इस पुस्तक में सटीक समय पर जानकारी उपलब्ध कराने का हर संभव प्रयास किया गया है। पुस्तक में संभावित त्रुटियों के लिए लेखक और प्रकाशक किसी भी प्रकार से जिम्मेदार नहीं होंगे। पुस्तक में प्रदान की गयी पाठ्य सामग्रियों की व्यापकता या सम्पूर्णता के लिए लेखक या प्रकाशक किसी प्रकार की वारंटी नहीं देते हैं।

पुस्तक में प्रदान की गयी सभी सामग्रियों को व्यावसायिक मार्गदर्शन के तहत सरल बनाया गया है। किसी भी प्रकार के उद्धरण या अतिरिक्त जानकारी के स्रोत के रूप में किसी संगठन या वेबसाइट के उल्लेखों का लेखक या प्रकाशक समर्थन नहीं करता है। यह भी संभव है कि पुस्तक के प्रकाशन के दौरान उद्धृत बेवसाइट हटा दी गयी हो।

इस पुस्तक में उल्लिखित विशेषज्ञ के राय का उपयोग करने का परिणाम लेखक और प्रकाशक के नियंत्रण से हटकर पाठक की परिस्थितियों और कारकों पर पूरी तरह निर्भर करेगा।

पुस्तक में दिये गये विचारों को आजमाने से पूर्व किसी विशेषज्ञ से सलाह लेना आवश्यक है। पाठक पुस्तक को पढ़ने से उत्पन्न कारकों के लिए पाठक स्वयं पूर्ण रूप से जिम्मेदार समझा जायेगा।

उचित मार्गदर्शन के लिए पुस्तक को माता-पिता एवं अभिभावक की निगरानी में पढ़ने की सलाह दी जाती है। इस पुस्तक के खरीददार स्वयं इसमें दिये गये सामग्रियों और जानकारी के उपयोग के लिए सम्पूर्ण जिम्मेदारी स्वीकार करते हैं।

इस पुस्तक की सम्पूर्ण सामग्री का कॉपीराइट लेखक/प्रकाशक के पास रहेगा। कवर डिजाइन, टेक्स्ट या चित्रों का किसी भी प्रकार का उल्लंघन किसी इकाई द्वारा किसी भी रूप में कानूनी कार्रवाई को आमंत्रित करेगा और इसके परिणामों के लिए जिम्मेदार समझा जायेगा।

प्रकाशकीय

मानव जीवन में खुशियों के मूल कारणों में 'सेक्स' का महत्त्व किसी से छिपा नहीं है। यह अति प्राचीन कामकला है जिसके माध्यम से मनुष्य की शारीरिक एवं मानसिक तृप्ति होने के साथ गंभीर तनावों से भी मुक्ति मिलती है।

कई बार प्राय: काम/सेक्स द्वारा एक-दूसरे को संतुष्ट न कर पाने से, मनुष्य हीनभावना, खीज, चिढ़ आदि गंभीर मनोविकारों का शिकार हो जाता है जिससे हमारे जीवन में खुशियों का लोप होने लगता है। आधी-अधूरी जानकारी होने से समाज के युवा और किशोर गलत आदतों के शिकार हो जाते है।

इन सब बातों को ध्यान में रखते हुए जनहित की पुस्तकों के प्रकाशक 'वी एण्ड एस पब्लिशर्स' ने नवीनतम पुस्तक **'सेक्स - राज़-रहस्य'** प्रकाशित की है।

हमें पूर्ण विश्वास है कि प्रस्तुत पुस्तक हमारे बीच फैली सेक्स सम्बन्धी अनेक भ्रान्तियों एवं निराशा को दूर करने में सफल साबित होगी।

विषय-सूची

1. यौन सम्बन्धों (Sex Relation) का लक्ष्य 7

➢ पाशविक (Brutality) 7

➢ किशोर-किशोरियों के लिए चेतावनी.. 10

2. सेक्स और शरीर विज्ञान के रहस्य 11

➢ मेरुदण्ड (Spinal Cord) और मनो-मस्तिष्क.................................... 11

➢ सन्तान उत्पादक संस्थान 13

➢ स्त्री की जनन इन्द्रियाँ (Female Genitals) 13

➢ गर्भाशय (Uterus).. 16

➢ डिम्ब नलिकाएँ (Fallopian Tube) और डिम्ब ग्रन्थियाँ (Ovaries).... 16

➢ मासिक धर्म.. 17

3. काम क्रिया और शरीर के आन्तरिक अंगों की प्रतिक्रियाएँ...........19

➢ पुरुष के प्रजनन अंग (Breeding Organ of Man).............................. 19

➢ लिंग में उत्थान और उसका महत्त्व 22

➢ पुत्र या पुत्री... 24

➢ सेक्स क्षमता 24

➢ कामेच्छा का ज्वार-भाटा.. 27

4. किशोर अवस्था की सेक्स समस्याएँ 29

5. कामकला की कार्यशाला (Sex Training Institute) 39

6. सेक्साइटिंग (Sexiting)...45

➢ सेक्स के खिलौने (Sex Toys) 47

➢ वेश्यागमन (Wench) 48

➢ यौन रोग (Sexual Disease).. 49

➢ कृत्रिम वैज्ञानिक विधि से गर्भाधान तथा शिशु जन्म टेस्ट ट्यूब बच्चे (Test tube babies) किराये की कोख और शुक्राणु व डिम्ब वैंकस...50

7. स्त्री-पुरुष का वर्गीकरण 53

8. सम्भोग कितनी बार? 56

➢ सफल सम्भोग के उपाय..57

१

यौन सम्बन्धों (Sex Relation) का लक्ष्य

पाशविक (Brutality)

इस प्रकार के सम्बन्ध में स्त्री या पुरुष केवल अपने सुख तथा यौन सन्तुष्टि की चिन्ता करते है। उसके साथी की शारीरिक मानसिक दशा कैसी है? क्या वह भी यौन सम्बन्ध बनाना चाहती/चाहता है? इन बातों की बिलकुल चिन्ता नहीं करते। यह एक प्रकार का बलात्कार है चाहें वह परिचित करे या अपरिचित, पति करे या पत्नी। इसके विपरीत आपसी प्रेम तथा इच्छा के साथ किये जाने वाले सम्भोग में जो आनन्द आता है वह इसमें नहीं मिलता केवल यौन सन्तुष्टि मिलती है। मानसिक, हार्दिक प्रसन्नता या आनन्द नहीं। दूसरा संगी/संगनी इस क्रिया द्वारा मानसिक आघात का शिकार हो सकता है। उसके हृदय में यह विचार जम सकता है कि दूसरा साथी स्वार्थी और प्रेम से हीन है। बल पूर्वक और दूसरे साथी के साथ उसकी इच्छा के विरुद्ध भोग करना एक गैर कानूनी कार्य भी है। यदि व्यक्ति के अन्दर जरा-सी भी बुद्धि है तो वह अपराध बोध से भर सकता है। प्रेमी या प्रेमिका को ऐसी गलती कभी नहीं करनी चाहिए। बलात्कार करने वाला व्यक्ति परिवार और समाज की दृष्टि में ही नहीं वरन् अपनी दृष्टि में भी गिर जाता है, और अपनी नजर में ही गिर जाना बहुत दुःखद तथा कष्टदायक होता है।

मानवीय स्तर का यौन सम्बन्ध

मनुष्य की सम्भोग क्रिया तथा पशु की सम्भोग क्रिया में मुख्यता दो विशेषताएँ होती है। नर पशु सदा मादा के साथ पीछे से मैथुन करता है। दूसरा नर पशु मादा की इच्छा या अनिच्छा की अधिक

चिन्ता नहीं करता, हालाँकि वह उसे अपनी चेष्टाओं से यथासम्भव मनाने की कोशिश करता है। नर पशु प्राय: मादा को दूसरे प्रतियोगियों को संघर्ष में हरा कर प्राप्त करता है। अत: मादा पशु को आखिरकार उससे यौन सम्बन्ध बनाना ही पड़ता है।

एक अन्य विशेषता मानव और पशु में यह है कि नर पशु सम्भोग के बाद मनुष्य की तरह स्थायी रूप से रहने, बच्चों का पालन करने या परिवार व घर बसाने का प्रयत्न नहीं करते। बच्चों के पालन का भार ज्यादातर मादा पशु पर ही पड़ता है। पशुओं का सम्भोग समय मनुष्यों के सम्भोग समय से कहीं अधिक होता है। पशु अपना मौसम आने पर ही सम्भोग करते हैं जबकि मनुष्य हर मौसम में सम्भोग करता रहता है। सम्भोग की ऋतु आने से पहले पशुओं में यौन सुख की इच्छा नहीं उठती, परन्तु मानव में उठती है।

मनुष्य के सम्भोग का असली अर्थ इस शब्द में ही छिपा है। जब स्त्री और पुरुष दोनों ही समान रूप से एक-दूसरे से प्राप्त होने वाले प्रेम और सेक्स का सुख लेते हैं तभी उसे सम्भोग कहते हैं। इसमें दोनों को अपने से अधिक दूसरे संगी (Partner) को सुख देने का लक्ष्य होता है। इसलिए ऐसे सम्भोग में स्त्री और पुरुष के अधर (Lips), वक्ष, हृदय तथा लिंग एवं योनि का ही मिलन नहीं होता वरन् उनका अहम्, उनका अस्तित्व, उनके हृदयों की धड़कने और उनके प्राण तक एक-दूसरे में कुछ क्षणों के लिए लीन हो जाते है। इसीलिए प्रेमवश बोले जाने वाले 'प्राणप्रिय! मेरी प्राण! मेरी जान!' आदि सम्बोधन व्यक्ति के हार्दिक भावों को प्रकट करते है। मानवीय प्यार में यदि दूसरे संगी की सम्भोग करने की इच्छा नहीं होती तो उसे मनाने और खुश करने की हर तरह से कोशिश की जाती है। यदि वह इस पर भी नहीं माने तो जबर्दस्ती नहीं की जाती।

यहाँ हम औसत स्त्री-पुरुषों के बारे में बात कर रहे हैं, मानसिक रूप से पीड़ित लोगो की नहीं। कारण यह कि बहुत से ऐसे लोग होते हैं जिन्हें कामोत्तेजनामें चरमसुख तभी प्राप्त होता जब वे अपने संगी को खूब मारे-पीटें, इस तरह के लोगों में स्त्री-पुरुष दोनों हो सकते हैं। इसके विपरीत ऐसे भी पुरुष होते हैं जो नग्न स्त्री द्वारा हंटर मारने या अन्य प्रकार की पीड़ाएँ पाने पर अधिक कामोत्तेजना तथा सुख अनुभव करते हैं। कुछ स्त्रियों को हाथ-पैर बँधवाकर सम्भोग करवाने में मजा मिलता है। इन विशेषताओं के पीछे कुछ मनोवैज्ञानिक कारण होते है। ऐसे मामलों में जरूरत होने पर मनोचिकित्सक की

मदद ली जा सकती है। इन क्रियाओं (स्व पीड़ा या पर पीड़ा) को सामान्य नहीं माना जाता।

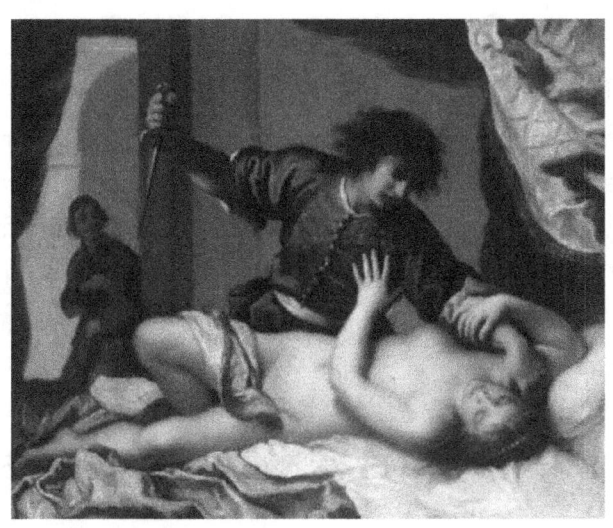

प्रकृति की दृष्टि से यौन सम्बन्ध का लक्ष्य और परिणाम सन्तान को जन्म देना ही होता है। युवती के साथ चाहे बलात्कार के द्वारा योनि में शुक्राणु पहुँचे या प्रेम पूर्वक सम्भोग द्वारा, यदि शरीर की अन्य स्थितियाँ ठीक हैं तो पेट में बच्चा ठहर सकता है। आपसी सहमति से स्त्री और पुरुष के द्वारा सम्भोग क्रिया करने पर उन्हें जो सुख प्राप्त होता है वह प्रकृति द्वारा दिया गया पुरस्कार है। इसी सुख को पाने के लिए वे बार-बार सम्भोग करते और बच्चों को जन्म देते है। परन्तु इस क्रिया में दोनों की सहमति सबसे अधिक महत्त्व रखती है। स्त्री या पुरुष के साथ जोर जबर्दस्ती से किया गया भोग प्रत्येक दृष्टि से निन्दनीय और गैर कानूनी है। ऐसा कार्य करने वालों का मानसिक अशान्ति और आन्तरिक कष्टों का सामना करना पड़ता है। कानून के अनुसार दण्ड मिलने की सम्भावना भी पूरी होती है।

प्रकृति द्वारा लड़को और लड़कियों के शरीर में किशोरावस्था आते ही ऐसे हार्मोन्स बनने लगते हैं जो उनके अंगो को सुन्दर तथा शक्तिशाली बनाते हैं। प्रकृति किशोरियों में इन हार्मोन्स के द्वारा उन्हें 'माँ' बनने योग्य बनाने लगती है और किशोरों को गर्भादान करने योग्य। इससे उनके कामांगों का विकास होने लगता है और मनोमस्तिष्क में विपरीत लिंग वाले के लिए प्रेम, उत्सुकता तथा आकर्षण। इस विषय पर हम अगले अध्याय में प्रकाश डालेंगे।

किशोर-किशोरियों के लिए चेतावनी

आधुनिक पूँजी प्रधान युग में सबसे अधिक आवश्यक दो बातें-

1. अच्छा स्वास्थ्य
2. आर्थिक आत्मनिर्भरता

इन दोनों को पाने के लिए यह आवश्यक है कि आप एक अच्छी नौकरी या व्यापार करते हों स्वस्थ रहने के लिए स्वास्थ्य के नियमों के अनुसार चलना आवश्यक है। अच्छे स्वास्थ्य के बिना सेक्स का भी पूर्ण सुख नहीं उठाया जा सकता। अत: सबसे पहले अपने स्वास्थ्य तथा कैरियर बनाने पर पूरा ध्यान दें। इस दौरान आप विपरीत यौन के लोगो से मित्रता जरूर रखें पर उसे एक सीमा से अधिक नहीं बढ़ाये। सेक्स सम्बन्धों से दूर रहें जिससे आप अपने लक्ष्य पर पूरा ध्यान लगा सके।

किशोरियों और युवतियों पर भी यह नियम लागू होता है। सेक्स सुख पाने की चाह में वे 'माँ' बनने का गौरव पा सकती हैं। इसलिए उनके लिए भी स्वास्थ्य निर्माण करना तथा आर्थिक रूप से आत्मनिर्भर बनना बहुत आवश्यक है। आज मँहगाई आकाश छू रही है और बच्चों की शिक्षा पर व्यय बहुत अधिक बढ़ता जा रहा है। इसके बावजूद भी जो लोग कैरियर बनाने की अवधि में सेक्स-सुख पाने की लालसा को रोक नहीं सकते, उन्हें कंडोम और गर्भ निरोधकों का प्रयोग अवश्य करना चाहिए। मैंने जीवन में ऐसे अनेक प्रेमी-प्रेमिकाएँ देखें हैं जिन्होंने जोश में आकर पहले तो शादी कर ली पर बाद में गरीबी की मार के कारण उन्हें अलग होने का असहाय दु:ख तथा अपने परिवार और जाति वालो की कटु आलोचना व अपमान सहना पड़ा। अत: अपना प्रेम पात्र पाने के लिए अच्छा स्वास्थ्य बनाओ और अच्छा धन कमाओ। इसके द्वारा ही आप एक-दूसरे को सेक्स का चरम सुख दे सकते हैं और स्वस्थ सन्तान प्राप्त कर सकते हैं।

२

सेक्स और शरीर विज्ञान के रहस्य

हमारे शरीर की सभी क्रियाओं का संचालन करने और उन्हें संगठित रूप में रखने के लिए एक केन्द्रीय प्रबन्ध होता है। इसके दो भाग होते है-

1. मनस या मनोमस्तिष्क
2. मेरुदण्ड (Spinal cord)

1. मेरुदण्ड (Spinal Cord) और मनो-मस्तिष्क

यह स्नायुओं से मिलकर बनी एक गोल मोटी रस्सी की तरह है। इसमें शरीर की हर परिधि से आने-जाने वाले 31 जोड़े होते हैं। मेरुदण्ड में बाहरी सूचनाओं या अनुभवों को पहुँचाने वाले स्नायुओं को बोधवाहक तथा क्रियाओं को करने वाले स्नायुओं की व्यवस्था इस तरह होती है कि शरीर के बाहर की उत्तेजनाएँ दो प्रकार से कार्य करती है। एक ओर तो वे तत्काल काम कर सकती हैं और मनोमस्तिष्क को बाद में जा सकती हैं ताकि क्रियाओं को करने का आदेश मनोमस्तिष्क दे। अचानक आये संकट की परिस्थिति में अनायास (Involuntary) क्रियाओं का संचालन मेरुदण्ड से होता है क्योंकि मनोमस्तिष्क तक सूचना पहुँचाने में देर लगती है। सड़क पर अगर अचानक कोई कार हमारी ओर तेजी से आ रही होती है तो हम बिना सोचे-समझे अपनी सुरक्षा के लिए एक ओर कूद जाते या हट जाते हैं। ऐसी क्रियाओं को करने का ज्ञान हमें उस क्रिया के हो जाने के बाद अनुभव होता है।

ऐसी क्रियाएँ अनायास (Involuntary) क्रियाएँ कहलाती हैं। इसी प्रकार साँस लेना, कामोत्तेजित होना, रक्त प्रवाह, हृदय और फेफड़ों के कार्य, भोजन पचाना, मल-मूत्र त्याग या वीर्य स्खलन आदि स्वयं होने वाले कार्य भी अनायास क्रियाओं के अन्तर्गत आते हैं क्योंकि इसक लिए हमारे चेतन मस्तिष्क को पहले जानकारी देने की साधारणत: जरूरत नहीं होती। इस प्रबन्ध को स्वचालित प्रबन्ध (Autonomic System) कहते हैं। ये सारे कार्य हमारे मेरुदण्ड शीर्ष (Medulla

Oblongate) से ही नियन्त्रित होते हैं। यह वह स्थान है जहाँ पर मेरुदण्ड में स्थित बोधवाहक और क्रियावाहक न्यूरोन की उत्तेजनाएँ मस्तिष्क में जाती हैं तथा मस्तिष्क की उत्तेजनाएँ या आदेश मेरुदण्ड में जाते हैं। स्वचालित प्रवन्ध (Autonomic System) का एक विशेष कार्य (काम (Sex), क्रोध, भय (Fear), प्रेम या मोह आदि) रागात्मक व्यवहार में अन्दरूनी अंगों की क्रियाओं का उद्‌दीपन करना होता है। शारीरिक क्रियाओं का उद्‌दीपन (जगाना, उत्तेजित करना) और उनका नियामन शरीर में स्थित अनेक प्रकार के ग्लैण्ड्स (Glands) द्वारा होता है। ग्लैण्ड्स से हार्मोन (Hormone) नामक एक रासायनिक रस निकलता है। ये हार्मोन रक्त में मिलकर शरीर में अतिरिक्त शक्ति का संचार कर देते हैं जिससे हम भय, काम, क्रोध आदि की स्थितियों में ऐसे कठिन कार्यों को भी कर डालते है जो साधारण स्थितियों में नहीं किये जा सकते। यही कारण है कि युवा अवस्था का प्रारम्भ होते ही युवक-युवतियों में अपने प्रेम पात्र को देखते ही स्वतः तन-मन में प्रसन्नता का भाव उत्पन्न हो जाता है, चेहरे पर चमक, होठों पर मुस्कराहट, दिल की धड़कनों व नब्ज की चाल में तेजी और काम अंगो (Sex Organs) में तनाव महसूस होने लगता है। ये सभी प्रतिक्रियाएँ (Reactions) अपने आप होती है।

मस्तिष्क में स्थित पीनियल (Pineal), पिट्‌टूटरी (Pituitary) गले में स्थित थायरायड (Thyroid) गुरदों के ऊपर स्थित एड्रीनल (Adrenal) व सेक्स ग्रन्थियाँ (पुरुषों में वृषण (फोते) या Testicles और स्त्रियों में डिम्ब ग्रन्थियाँ) किशोर-किशोरियों में सेक्स हार्मोंस उत्पन्न करना शुरू कर देती हैं जिसके फलस्वरूप उनके सेक्स सम्बन्धी अंगों का विकास होने लगता है ताकि वे समय आने पर सम्भोग करके बच्चे पैदा करने के कार्य कर सकें। यही नहीं वरन् ये ग्रन्थियाँ युवाओं के चेहरों पर मूछें-दाढ़ी आदि लाने और उसे आकर्षक बनाने के भी कार्य करती हैं। नव युवतियों में मासिक धर्म की शुरुआत होना, चेहरे पर नयी चमक, वक्षस्थल में उभार आदि लाने के कार्य भी इन ग्लैण्ड्स द्वारा निकलने वाले हार्मोंस करते हैं। इन सभी का लक्ष्य युवकों-युवतियों में एक दूसरे के प्रति आकर्षण और प्रेम भाव बढ़ाना ही होता है।

पुरुष सेक्स हार्मोन टेस्टोस्टेरॉन (Testosterone) का निर्माण वृषणों (फोतो) द्वारा तथा स्त्री सेक्स हार्मोन ओएस्ट्रोजेन्स (Oestrogens) का निर्णाण डिम्ब ग्रन्थियों से होता है। इनका प्रभाव स्त्री तथा पुरुष के जनन अंगों पर ही नहीं वरन् पूरे शरीर पर पड़ता है। किशोर-किशोरियों में इसके फलस्वरूप काम आकर्षण उत्पन्न होना पीयूष (Pituitary) ग्रन्थि, थायराइड और एड्रीनल ग्रन्थियाँ पुरुष के

वृषणों तथा स्त्री के डिम्ब ग्रन्थियों को क्रियाशील बनाती हैं जिससे वे सेक्स हार्मोंस उत्पन्न करना शुरू कर देते हैं। ये हार्मोंस शरीर के रक्त प्रवाह में सीधे मिल जाते हैं। इनके प्रभाव से प्रमस्तिष्क का सबसे ऊँचा भाग कोर्टेक्स संवेदनशील हो जाता है। कोर्टेक्ट (रीढ़ की हड्डी में स्थित) मेरुरज्ज़ (Spinal Cord) के रास्ते से वहाँ स्थित यौन अंगों को सक्रिय करने के केन्द्र को जाग्रत कर देता है जिससे यौन अंग अपनी क्रिया करने लगते हैं। इसके फलस्वरूप ही पुरुष के लिंग और नारी की योनि में उत्तेजना आनी शुरू हो जाती है। यह सम्पूर्ण क्रियाएँ होने में कुछ ही क्षणों का समय लगता है।

सन्तान उत्पादक संस्थान

स्त्री और पुरुष के इन अंगो में अन्तर होता है। स्त्री के करीब-करीब सभी उत्पादक अंग उसके शरीर के अन्दर होते है। इसका मुख्य कारण माँ बनने की भूमिका है जिसके लिए उसे अपने शिशु को नौ माह तक अपने गर्भ में सुरक्षित रखना होता है।

पुरुष की मुख्य जननेन्द्रियाँ शरीर के बाहर स्थित होती हैं क्योंकि उसे प्रकृति द्वारा माँ जैसा कोई कार्य नहीं दिया गया है।

स्त्री की जनन इन्द्रियाँ (Female Genitals)

स्त्री की दोनों जंघाओं के मध्य भगोष्ठों के मध्य में योनि होती है। भग के दोनों ओर उठे हुए भाग भगोष्ठ कहलाते हैं, इनके बीच में ही योनि होती है। भगोष्ठ

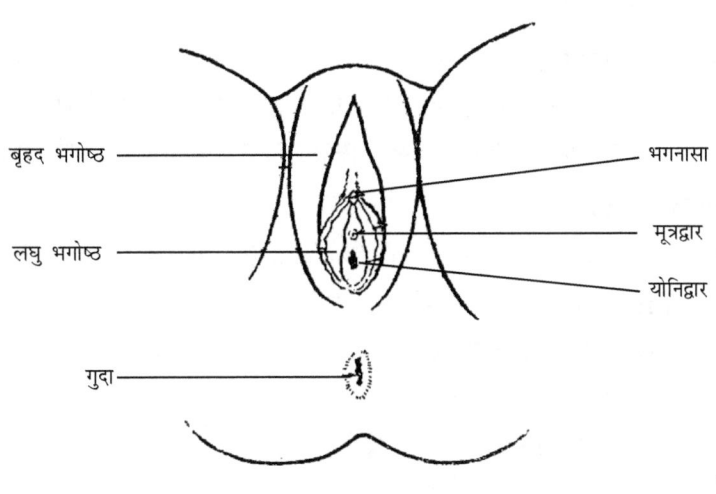

नारी के प्रजनन अंग

इसको ढके रहते हैं। इन बाहरी भगोष्ठों के नीचे कुछ गुलाबी रंग के लघु भगोष्ठ होते है जो कोमल तथा चिकने होते हैं।

जब बाहरी और लघु भगोष्ठों को अँगुली द्वारा हटाया जाता है तो तीन रचनाएँ दिखायी देती हैं-

1. भगनासा (Clitoris)
2. मूत्र छिद्र (Urethra)
3. योनिद्वार (Vulva)

1. भगनाशा (Clitoris)

यह सबसे ऊपर की ओर कुछ तिकोनी-सी, मटर के दाने के समान रचना होती है। यह उस स्थान पर होती है जहाँ लघु भगोष्ठों के ऊपरी छोर आपस में मिले होते हैं। इसे शिश्निका (Clitoris) भी कहते हैं। वास्तव में यह नारी शरीर में सेक्स का मुख्य एक्टिव बटन है। पुरुष द्वारा इसको स्पर्श करने से नारी में उसी तरह कामोत्तेजना बढ़ जाती है जिस प्रकार नारी द्वारा पुरुष का लिंग पकड़ने से उसमें उत्तेजना आ जाती है। वस्तुतः स्त्री की भगनासा पुरुष के लिंग के समान ही खोखले कोषों से बनी है। इसलिए इसका स्पर्श उसे कामोत्तेजित कर देता है और उसमें रक्त भर जाता है। वह कठोर और आकार में बड़ा हो जाता है।

2. मूत्र छिद्र (Urethra)

यह भगनासा (भंगाकुर) के नीचे स्थित होता है। जहाँ पुरुषों के शरीर में मूत्र त्याग तथा सम्भोग क्रिया दोनों ही लिंग द्वारा की जाती है, वहीं स्त्रियों में मूत्र द्वार से मूत्र त्याग किया जाता है तथा सम्भोग व प्रजनन योनिद्वार से होता है।

3. योनिद्वार (Vulva)

यह लघु भगोष्ठ तथा बृहद् भगोष्ठ से ढका होता है और मूत्र छिद्र से नीचे स्थित होता है। प्रायः कुँआरी युवतियों में योनिद्वार एक पतली झिल्ली से आवृत होता है। इसे योनिच्छद (Hymen) कहते हैं। यह कभी-कभी खेलकूद या व्यायाम आदि से भी फट सकता है। पहले योनिच्छद को युवती के कुमारी होने का प्रमाण पत्र माना जाता था, परन्तु आजकल जब युवतियाँ अपना विवाह पढ़ाई पूरी करने के बाद ही करती है, इस ओर अधिक ध्यान नहीं दिया जाता। प्रायः जो नवयुवतियाँ हस्तमैथुन करती हैं, उनका योनिच्छद भी फट जाता है। इसके फटने पर थोड़ा-सा

रक्त निकलता है और मामूली कष्ट होता है, या कष्ट प्रायः एकाध दिन में अपने आप ठीक हो जाता है।

प्रथम सम्भोग में योनि में लिंग प्रवेश के समय सर्वप्रथम यह योनिच्छद फटता है। अतः पति या प्रेमी को इस क्रिया में सावधानी तथा चतुरता से काम लेना जरूरी होता है। प्रायः अधिकांश युवतियों को इसके फटने के समय अधिक कष्ट नहीं होता, क्योंकि वे कामोत्तेजना में मस्त होती हैं और इस क्रिया के तत्काल बाद मिलने वाले कामसुख में मग्न हो जाती हैं। तथापि यदि युवती को अधिक कष्ट हो और वह सम्भोग क्रिया में आगे बढ़ने से इनकार कर दे तो उसके साथी का कर्तव्य है कि वह अपने पर संयम रखे तथा सम्भोग को कुछ समय अथवा एक दिन के लिए टाल दे, परन्तु अपने प्यार को प्रकट करते हुए चुम्बन-आलिंगन आदि प्रणय क्रीड़ायें करता रहे। बहुत सम्भव है कि योनिच्छद के फटने के बाद आपकी प्रेमपूर्ण क्रियाओं से प्रेरित होकर वह कुछ मिनटों बाद स्वयं ही आपसे सम्भोग करने के लिए अनुरोध करे। योनिच्छद (Hymen) फटने के कारण रक्त की कुछ बूँदे ही निकलती हैं, उन्हें स्वच्छ रूमाल से पोंछकर, योनि में थोड़ा-सा क्रीम या तेल लगा देना उचित रहता है। तेल या क्रीम एण्टीसेप्टिक हो तो बेहतर है।

अपवाद स्वरूप कुछ युवतियों की योनिच्छद की झिल्ली इतनी मोटी होती है कि लिंग प्रवेश की क्रिया से भी नहीं फटती। ऐसी स्थिति में डाक्टर द्वारा उसको शल्यक्रिया (Operation) द्वारा काट दिया जाता है। यह एक बहुत मामूली कुछ मिनटों का ही ऑपरेशन होता है। इस झिल्ली के अलावा दोनों ओर के भगोष्ठ में एक-एक बार्थोलीन (Bartholene) नामक ग्रन्थियाँ होती हैं। जब स्त्री कोमोत्तजित हो जाती है तो इन ग्रन्थियों से चिकना और गाढ़ा स्राव निकलता है, जिससे योनि चिकनी हो जाती है। इस चिकनेपन से पुरुष को योनि में लिंग प्रवेश करने में सुविधा होती है। जब पुरुष का लिंग स्त्री की योनि में बार-बार प्रवेश करता है, तो इससे दोनों को एक नये सुख व उत्तेजना का अनुभव होता है।

योनिद्वार से प्रारम्भ होने वाली नली पीछे की ओर गर्भाशय मुख तक पहुँचती हैं इस मांसल की औसत लम्बाई साढ़े 3 से 5 इंच तक होती है। इसे योनिमार्ग या योनि नलिका भी कहते हैं।

महिलाओं में मैथुन (Sexual intercourse) करने का सबसे प्रमुख अंग योनि

या योनिनलिका ही है। इसका अस्तर कोमल और गुदगुदी झिल्ली से बना होता है। इसमें फैलने और सिकुड़ने की अद्भूत क्षमता होती है। इसी क्षमता के कारण स्त्री की योनि पुरुष के पूरे लिंग को अपने अन्दर तक ले जाती है। बच्चा होने के समय वह भी इसी योनिद्वार से निकलता है। दूसरे शब्दों में स्पष्ट और सच तथ्य यह है कि हम सभी का जन्म योनिद्वार से ही होता है। शिशु को जन्म देने के समय योनि सामान्य आकार से 10 गुना ज्यादा तक फैल जाती है। सामान्यतः शिशु जन्म के 5 दिन या 2 माह बाद योनि पुनः सिकुड़ कर अपने पूर्व रूप में आ जाती है। इन तथ्यों से आप योनि की सिकुड़ने तथा फैलने की क्षमता का अनुमान लगा सकते हैं।

गर्भाशय (Uterus)

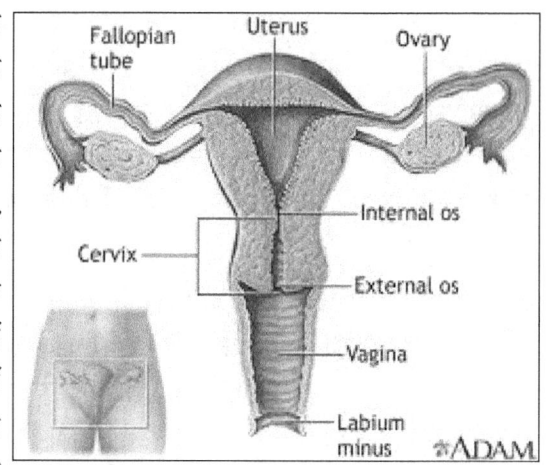

यह स्त्री-शरीर का वह अंग है जिसमें शिशु 9 महीने तक विकसित होता है तथा सुरक्षित रहता है। गर्भाशय का मुँह एक मोटी चोंच की तरह होता है, जो योनि नली के अन्तिम भाग में फँसा रहता है। गर्भाशय एक जाल की तरह बुने गये तन्तुओं से बना होता है। इन तन्तुओं में विशेष प्रकार का लचीलापन होता है। इसका आकार एक छोटी गेंद के समान होता है लेकिन स्त्री के गर्भवती होने के बाद यह धीमें-धीमें इतना फल जाता है कि पूरे 9 माह के शिशु को सम्भाले रहता है। बच्चा हो जाने के बाद यह पुनः सिकुड़ना शुरू कर देता है और 1½ महीने में अपने पहले वाले छोटे रूप में आ जाता है। गर्भाशय अपनी जगह पर कई मजबूत बन्धनों के सहारे लटका रहता है। अगर ये बन्धन ढीले पड़ जायें तो गर्भाशय अपनी जगह से हट जाता है और स्त्री को बहुत पीड़ा होती हैं। इसे ठीक करने के लिए डॉक्टरी इलाज की जरूरत होती है। कुछ योग क्रियाओं का अभ्यास करने से भी यह शिकायत दूर हो सकती है।

डिम्ब नलिकाएँ (Fallopian Tube) और डिम्ब ग्रन्थियाँ (Ovaries)

इन दोनों का कार्य एक दूसरे से इतना अधिक जुड़ा होता है कि उनका सम्मलित

वर्णन पढ़कर ही हम उसे समझ सकते है। गर्भाशय के दाहिने तथा बायें से बहुत थोड़ी दूरी पर एक-एक डिम्ब ग्रन्थि होती है। डिम्ब ग्रन्थियों का कार्य डिम्ब बनाना है। डिम्ब नारी शरीर का वह तत्त्व है जो पुरुष के शुक्र कीट (Sperm) से मिलकर भ्रूण बनाने की स्थिति बनाता है।

सम्भोग की अन्तिम स्थिति के दौरान पुरुष के लिंग से वीर्य की जो पिचकारी स्त्री की योनि में छूटती है उसकी सुखद तरल गरमी की अनुभूति से उसका रोग-रोम आनन्द से भर उठता है। पुरुष को भी इस क्रिया द्वारा अत्यधिक सुख का अनुभव होता है। वीर्य में लाखों शुक्रकीट होते हैं, परन्तु स्त्री की डिम्ब ग्रन्थि से प्रतिमाह एक ही डिम्ब परिपक्व होकर निकलता है। एक माह दाहिनी डिम्ब ग्रन्थि से और दूसरे माह बायीं डिम्ब ग्रन्थि से एक डिम्ब ही निकलता है। इस प्रकार प्रत्येक माह एक डिम्ब ही निकलता है। परन्तु डिम्ब, डिम्ब नलिका में रुक कर शुक्रकीट से मिलने का इन्तजार करता है। इस प्रकार (सम्भोग के फलस्वरूप) जब शुक्रकीट का मिलन डिम्ब से हो जाता है तब वह गर्भाशय में पहुँच जाता है। इस दिशा में डिम्ब (Ova) को सारगर्भित या सगर्भित डिम्ब कहा जाता है क्योंकि शुक्राणु से मिलन होने के बाद नये शिशु के गर्भ में पनपने की क्रिया शुरू हो जाती है। गर्भाशय का स्तर अत्यन्त कोमल झिल्ली का होता है, इसमें जाकर सगर्भित डिम्ब चिपक जाता है। यह सगर्भित डिम्ब अब भ्रूण कहलाता है। इसके बाद गर्भाशय के अन्दर से भ्रूण मस्तिष्क स्थित पीयूष ग्रन्थि को सूचना देता है कि गर्भाशय अब घिर गया है। इस सूचना को प्राप्त करने के बाद पीयूष ग्रन्थि डिम्ब ग्रन्थियों में नये डिम्ब पकने से रोकने लगती है।

मासिक धर्म

हमारे देश में प्रायः 11 से 13 या 14 साल की उम्र में लड़कियों को मासिक धर्म होना शुरू हो जाता है। मासिक धर्म (Menses) का गर्भाशय और डिम्ब ग्रन्थियों से विशेष सम्बन्ध होता है। प्रत्येक माह गर्भाशय गर्भधारण करने की तैयारी करता है। इसके लिए गर्भाशय के कोमल अस्तर में रक्त भरना शुरू हो जाता है। यह रक्त धीरे-धीरे 28 दिनों तक एकत्रित होता रहता है। अगर इस अवधि में शुक्रकीट में सगर्भित हुआ डिम्ब गर्भाशय में पहुँचकर वहाँ चिपक जाता है तो यही रक्त उसका पोषण करता है। लेकिन अगर डिम्ब में पुरुष का शुक्रकीट (Sperm) या शुक्राणु नहीं मिलता तो उसमें चिपकने की शक्ति नहीं होती।

ऐसी हालत में गर्भाशय में एकत्रित रक्त बेकार हो जाता है। इसके कारण वहाँ की झिल्ली तड़क कर फट जाती है और खून बहकर योनि मार्ग से बाहर आने लगता है। इसी प्रक्रिया को मासिक धर्म या बोल चाल की भाषा में मन्थली (Monthly) कहा जाता है।

जब गर्भाशय में गर्भ ठहर जाता है तब मासिक धर्म नहीं होता क्योंकि जो रक्त बेकार होकर बाहर निकल रहा था, वही गर्भ में पलने वाले बच्चे का पोषण करने लगता है। इसीलिए मासिक धर्म का रुक जाना नारी के गर्भवती होने का मुख्य लक्षण माना जाता है। शिशु जन्म हो जाने के कई माह बाद तक भी मासिक धर्म रुका रहता है। प्राय: ये वे महीने होते है जिनमें माता बच्चे को अपना दूध पिलाती है।

महिलाओं में मासिक धर्म प्राय: 45 से 50 या 51 वर्ष की आयु के दौरान धीरे-धीरे स्वत: बन्द हो जाता है। इस काल को रजोनिवृत्ति काल कहते है। इसके पश्चात् स्त्री में गर्भधारण की क्षमता नहीं रहती क्योंकि डिम्ब ग्रन्थियाँ डिम्ब बनाना बन्द कर देती हैं। रजोनिवृत्ति के बाद महिलाओं में दो प्रकार की प्रतिक्रियाएँ होती है। कुछ महिलाएँ धार्मिक और परोपकार के कार्यों में अथवा अपने नाती, पोतों की सेवा में अपनी पूरी ऊर्जा लगा देती है और अन्य गर्भधारण की समस्या से छुटकारा पाकर सेक्स की सन्तुष्टि में अधिक रुचि लेने लगती हैं। परन्तु बुद्धिमान महिलाएँ इन दोनों प्रतिक्रियाओं से हटकर जीवन में सन्तुलन लाने का प्रयत्न करती है ताकि अध्यात्मिक और पारिवारिक दोनों क्षेत्रों में उचित सामंजस्य लाया जा सके।

मेरा सुझाव यह है कि अधेड़ महिलाओं तथा पुरुषों को अपने पारस्परिक प्रेम को इस आयु में और अधिक महत्त्व देना चाहिए। पुरुषों में प्राय: 65 वर्ष की आयु आते-आते शक्ति समाप्त होने लगती है। अत: इस आयु में पति-पत्नी के प्रेम में सेक्स करने की इच्छा नहीं रहती। यदि वे सन्तुलित दृष्टि से विचार करें तो एक-दूसरे के लिए सच्चे तथा नि:स्वार्थ प्रेम को अपनी सेवा द्वारा प्रकट करते रहें। इससे बेहतर आयु नि:स्वार्थ प्रेम करने की कोई नहीं होती। प्रेम की यह भावना उनके जीवन में एक नयी मधुरता घोल सकती है।

3

काम क्रिया और शरीर के आन्तरिक अंगों की प्रतिक्रियाएँ

पुरुष और स्त्री में कामोत्तेजना उत्पन्न होते ही उनके मस्तिष्क में जाने वाली रक्तवाहिनियों में रक्त का दबाव बढ़ने लगता है और मस्तिष्क को मिलने वाले रक्त की मात्रा में बढ़ोत्तरी होने लगती है। सम्भोग के समय शरीर में स्थित तापनियन्त्रक केन्द्र और शर्करा (Sugar) का चयापचय करने वाला केन्द्र (एड्रेनिल ग्लैण्ड्स) भी सक्रिय हो जाते हैं। इसके फलस्वरूप शरीर के प्रत्येक कोष (Cell) के अन्दर आवश्यक असाधारण रसायनिक क्रियाएँ सरलता से होने लगती है। कामोत्तेजना के क्षणों में मेरुरज्जु (Spinal Cord) के निम्न भाग में स्थित उत्थान केन्द्र उन तन्त्रिकाओं (Nerves) को उत्तेजित करता रहता है जो शिश्न या लिंग में जाने वाले रक्त के प्रवाह पर नियन्त्रण रखती है। स्त्रियों में उनकी योनि तथा भगनासा को उत्तेजित करने के लिए वहाँ जाने वाला रक्त प्रवाह बढ़ जाता है। शरीर की त्वचा से रीढ़ की हड्डी के अन्दर स्थित मेरुरज्जु के रास्ते मस्तिष्क में काम उत्तेजना के सन्देश पहुँचते है और मस्तिष्क से शरीर के प्रत्येक अंग तथा रक्तवाहिनियों में ये सन्देश पहुँचने लगते हैं।

पुरुष के प्रजनन अंग (Breeding Organ of Man)

पुरुष के शरीर में शुक्राणुओं (Sperms) का निर्माण बराबर होता रहता है। इसकी शुरुआत सेमिनिफरॅस ट्यूबलस (Seminiferous Tubeles) शुक्र उत्पादक नलिकायें नामक अनगिनत नलिकाओं में होती है। ये शुक्राशय में होती हैं। यहाँ जन्मी शुक्राणु कोशिकाएँ बड़ी होने के साथ दोनों अण्डकोशों के एपिडिडाइमिस (Epidimymis) नामक भाग में पहुँचती हैं। वहाँ वे परिपक्व होकर गति करने की शक्ति प्राप्त करती हैं। शुक्राणु स्खलित होने तक ये यहीं रहती हैं। यदि ये कुछ हफ्तों तक बाहर नहीं निकले तो ये फिर द्रव्य रूप में बदलकर शरीर द्वारा सोख ली जाती हैं। शुक्राणुओं को सम्भोग के समय स्खलित होने के लिए

(Epididymis) एपिडिडाइमिस से प्रोस्टेट ग्रन्थि तक पहुँचना पड़ता है। प्रोस्टेट ग्रन्थि और सेमिनल वेसिइकल्स (Seminal Vesicles) से निकलने वाला स्राव शुक्राणुओं में मिलकर वीर्य का रूप लेता है। इस स्राव में बहते हुए शुक्राणु लिंग से निकलकर स्त्री के योनि मार्ग से उसके गर्भाशय तक पहुँचते हैं। पुरुष के एक स्खनल में करीब 30 करोड़ से अधिक शुक्राणु हो सकते हैं। शिश्न या लिंग के उत्तेजित होकर खड़े होने के समय में ब्लैडर (मूत्राशय) से मूत्र नली तक का मार्ग रुक जाता है ताकि शुक्राणुओं तथा मूत्र निकलने की क्रियाएँ एक साथ नहीं हो सके।

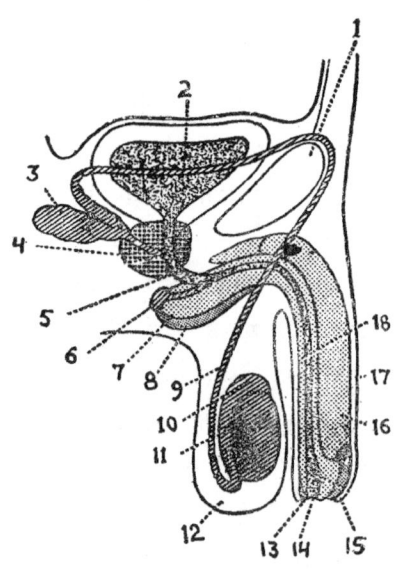

पुरुष यौन अंगों की रचना

1. पैल्विक अस्थि 2. मूत्राशय 3. शुक्राशय 4. प्रोस्टेट ग्लैण्ड 5. मूत्रमार्ग 6. काउपर ग्रन्थि 7. मूत्रमार्ग का बल्ब (कन्द) 8. वल्बो-कैवरनोसस पेशी 9. शुक्रवाहिनी 10. उपाण्ड 11. अण्डकोश या वृषण 12. वृषण कोष 13. मुण्ड का छोर लिंग 14. मूत्रद्वार 15. मुण्डमार्ग 16. लिंग मुण्ड के स्पंजी ऊतक 17. लिंग की त्वचा 18. मूत्रर्मा के स्पंजी ऊतक।

कामोत्तेजना के क्षणों में पुरुष की पौरुष ग्रन्थि (Prostate Gland) और शुक्राशय महत्त्वपूर्ण कार्य करते हैं। सम्भोग के प्रारम्भ में (प्रोस्टेट ग्रन्थि) पौरुष ग्रन्थि में अधिक मात्रा में रक्त आने लगता है। इस ग्रन्थि के विशेष स्राव भी बनना शुरु हो जाते हैं। इसके फलस्वरूप पौरुष ग्रन्थि फूल जाती है। मूत्राशय में से निकलने वाला मूत्र मार्ग जहाँ से निकलता है, वहाँ पर वृत्त के आकार की जो पौरुष (Prostatic) पेशी होती है वह संकुचित हो जाती है ताकि स्खलित

होने वाला वीर्य मूत्राशय में न पहुँच सके। पूरी पौरुष ग्रन्थि की पेशियों में होने वाले संकुचनों से उसमें एक ऐंठन (Tension) होने लगती है जिससे वीर्य स्खनल (छूटने) में सरलता हो जाती है।

पुरुष के मूत्रमार्ग की ग्रन्थियाँ और लिंग के मूल से सटी काउपर ग्रन्थियाँ भी सम्भोग क्रिया में अपनी भूमिका निभाती है। कामोत्तेजना होने पर इन ग्रन्थियों से एक बिना रंग वाला, पतला और बहुत चिकना स्राव उत्पन्न होता है जो मूत्रमार्ग से निकलकर लिंग मुण्ड को चिकना कर देता है ताकि वह योनि में सहजता से प्रवेश कर सके। यह स्राव मूत्रमार्ग को भी चिकना कर देता है ताकि पुरुष का वीर्य आसानी से बाहर निकल सके। शिश्न मुण्ड (लिंग मुण्ड/लिंग की सुपारी) इस स्राव से चिकना हो जाने पर अधिक संवेदनशील बन जाता है, इसके फलस्वरूप सम्भोग में अधिक सुख मिलता है। पुरुष के मन में जब कामोत्तेजना सम्बन्धी विचार आते हैं तब भी यह स्राव निकलता है। ध्यान रखने की बात है कि यह स्राव वीर्य नहीं होता है।

सम्भोग के दौरान पीयूष ग्रन्थि के दोनों भाग अपने विशेष हार्मोनो (Hormones) को पैदा करने लगते है, इनके कारण माँसपेशियों में काम क्रिया के लिए आवश्यक ऐंठन या संकुचन होने लगता है। इस दौरान थायराइड ग्रन्थि (Thyroid Gland) से भी एक स्राव निकलता है जो शरीर के ऊतकों (Cells) में होने वाले परिवर्तनों को बिना बाधा के सम्पन्न होने में मदद करता है। रक्तदाब (Blood Pressure) को ऊँचा रखने के लिए एड्रीनल ग्रन्थियाँ भी सक्रिय हो उठती है। इन क्षणों में वृषणों (अण्डकोशों) के अन्त:स्राव का शरीर अवशोषण करने लगता है और उन्हें प्रत्येक अंग में पहुँचाता हैं, यही नहीं वरन् सम्भोग एक ऐसी अत्यन्त महत्त्वपूर्ण क्रिया है, जिसमें शरीर और मस्तिष्क का हर अंग सक्रिय रूप से भाग लेता है। हृदय की धड़कन तेज हो जाती है, पसीना (स्वेद) बनाने वाली ग्रन्थियाँ और थूक बनाने वाली ग्रन्थियाँ अपने-अपने कार्यों को तीव्रता से करने लगती हैं। फेफड़े भी तेजी से फैलने व सिकुड़ने लगते हैं। पेट, गले, छोटी तथा बड़ी आँतों तथा मलद्वार की सिकुड़ने वाली पेशियों में संकुचन बढ़ जाता है। इस दौरान सबसे महत्त्वपूर्ण क्रिया लिंग में होती है। इसमें जाने वाली धमनियाँ रक्त से पूर्णत: भर जाती है और शिराओं के रास्ते से सिर्फ उतना ही खून वापस जाता रहता है जिससे ऊतकों के अन्दर उचित ऑक्सीकरण होता रहे।

लिंग में उत्थान और उसका महत्त्व

पुरुष के लिंग (शिश्न) की औसत लम्बाई शिथिल अवस्था में एक इंच से लेकर चार इंच तक की होती है। लिंग के उत्तेजित हाने पर यह चार इंच से लेकर 7½ इंच तक बढ़ जाती है। प्रत्येक पुरुष के शरीर की लम्बाई के अनुसार ही प्रायः उसके लिंग की लम्बाई कम या अधिक होती है। इसके अपवाद (Exception) भी हो सकते है। अधिकतर छोटे लिंग वाले व्यक्ति यह सोच-सोच कर परेशान तथा दुःखी होते रहते हैं कि वे अपनी पत्नी को गर्भवती नहीं कर सकते अथवा पूर्ण सन्तुष्टि नहीं दे सकते। यह धारणा गलत है, क्योंकि यदि पुरुष का लिंग उत्तेजित और खड़ा होकर स्त्री की योनि के अन्दर तीन इंच तक जाकर भी वीर्य स्खलित कर दे तो स्वस्थ शुक्राणु गर्भाशय तक पहुँच सकते हैं। जहाँ तक स्त्री की काम सन्तुष्टि का प्रश्न है, वह उसे प्रणय क्रीड़ाओं तथा भगांकुर के घर्षण द्वारा भी मिलती है।

सम्भोग क्रिया में लिंग के खड़े होने और कठोर पड़ जाने का विशेष महत्त्व है, क्योंकि उसे योनि में प्रवेश करना होता है तथा बार-बार उस समय तक घर्षण करना होता है जब तक कि स्त्री कामोत्तेजना के चरम शिखर तक पहुँचकर स्खलित न हो जाये। इस क्रिया को करने में अनेक संरचनाएँ मदद करती हैं। इसे समझने के लिए लिंग की संरचना को समझना आवश्यक है। इसके तीन मुख्य भाग होते है-

1. सुपारी इसे लिंग मुण्ड या सिर भी कहते है
2. लिंग का मध्य भाग
3. लिंग का मूल या जड़

लिंग अन्दर से स्पंज की भाँति खोखला होता है। पुरुष के कामोत्तेजित होने पर लिंग में आने वाली धमनियाँ इसके खाली कोषों में रक्त भरती है जिससे यह फूलकर ऊपर की ओर खड़ा होने लगता है। हमारे कटिक्षेत्र (Lumbar Area) में मेरुरज्जु (Spinal Cord) के अन्दर एक केन्द्र होता है जो लिंग के उत्थान पर नियन्त्रण रखने का कार्य करता है। इसी के समीप वीर्य स्खलन पर नियन्त्रण रखने वाला केन्द्र होता है। ये दोनों केन्द्र परस्पर एक-दूसरे के साथ ताल-मेल बनाये रखते हैं।

महिलाओं के मेरुरज्जु में भी इसी स्थान पर उत्थान और स्खनल क्रियाओं पर कण्ट्रोल रखने वाल केन्द्र होते है। ये क्रियाएँ (स्त्री तथा पुरुष दोनों में) मुख्य

रूप से उनके मस्तिष्क में सेक्स सुख पाने के विचारों के आने से होती हैं। लिंग में उत्थान होना एक प्रतिवर्ती (Reflex) क्रिया है।

हम अपनी इच्छाशक्ति द्वारा हाथ पैरों की क्रियाएँ कर सकते हैं परन्तु इच्छा से लिंग में उत्थान नहीं ला सकते। लेकिन शरीर को शिथिल और आँखें बन्द कर अगर हम अपनी कल्पना में प्रेमी अथवा प्रेमिका के साथ सम्भोग करने के दृश्यों को देखें तो लिंग या योनि में उत्थान आ जाता है। इससे यह सिद्ध होता है कि कल्पनाशक्ति में इच्छाशक्ति से अधिक बल होता है। इस तथ्य का उचित उपयोग कर व्यक्ति अपने सेक्स जीवन को अधिक सुखद बना सकता है।

लिंग में उत्थान दो प्रकार से होता है-

1. लिंग को हाथ लगाने या सहलाने से, विशेष रूप से लिंग मुण्ड को सहलाने से।
2. मानसिक कल्पनाएँ या कामुकता भरे विचारों में लीन होने पर।

इस प्रकार हम देखते हैं कि जब हमारे प्रमस्तिष्क में किसी बाह्य या आन्तरिक कारण से कामोत्तेजना उत्पन्न होती है तो वहाँ से यह सन्देश मेरुरज्जु में स्थित उत्थान केन्द्र तक पहुँचता है और फिर वहाँ से तन्त्रिकाओं द्वारा लिंग तक। इसी के फलस्वरूप लिंग में उत्थान क्रिया होती है। लेकिन जब योनि में लिंग प्रवेश होता है और जोरों से प्रहार किये जाने लगते है तो लिंग की संवेदन ग्रहण करने वाली तन्त्रिकाओं से ये उद्दीपन उत्थान केन्द्र तक पहुँचने शुरू हो जाते हैं। इसी समय फूले हुए शुक्राशय तथा प्रोस्टेट से भी उद्दीपन इस केन्द्र तक पहुँचने लगते हैं। ये सभी उद्दीपन (काम शक्ति को जगाने तथा बढ़ाने वाले तन्त्रिकाओं के सन्देश) लिंग की उत्थान शक्ति तथा कठोरता को बढ़ाते जाते है। जैसे-जैसे सम्भोग होता जाता है तन्त्रिकाओं में तनाव बढ़ते-बढ़ते अन्तिम बिन्दु पर पहुँचने लगता है और वीर्य स्खलन केन्द्र सक्रिय हो उठता है। इससे पुरुष का वीर्य स्त्री की योनि में स्खलित (तीव्रता से छूटना) हो जाता

नोट

कोष के बीच में एक अन्तर्बीज होता है। इनमें विभिन्न लम्बाई की छड़े-सी रहती हैं। इन्हें ही क्रोमोसोमस् (Chromosomes) कहते है। मनुष्य में 24 जोड़े या 48 क्रोमोसोमस् में स्थित छोटे-छोटे रासायनिक पदार्थ होते हैं, इन्हें जीन्स कहा जाता है। पुरुष के वीर्य में शुक्राणुओं की संख्या भिन्न-भिन्न हो सकती है।

है और इसके बाद लिंग शिथिल पड़ने लगता है।

सम्भोग के परिणाम स्वरूप पुरुष के करोड़ों शुक्रकीट (Sperms) वीर्य रूप में नारी की योनि द्वारा उसके गर्भाशय में पहुँचते हैं। प्रायः पुरुष के करोड़ों शुक्रकीटों में से सिर्फ एक शुक्रकीट ही नारी के डिम्ब से मिलता है, शेष सब नष्ट हो जाते है। शुक्रकीट के डिम्ब से मिलने के पश्चात् डिम्ब की झिल्ली इतनी कड़ी हो जाती है कि उसमें फिर कोई दूसरा शुक्रकीट प्रवेश नहीं पा सकता। इसके बाद भ्रूण को शिशु रूप में विकसित करने की अनेक रासायनिक क्रियाएँ तथा प्रतिक्रियाएँ शुरू हो जाती हैं।

पुत्र या पुत्री

बच्चे का जन्म जिस निरवयव कोष से होता है, उस कोष के 48 क्रोमोसोमस् में से बच्चा 24 माँ से तथा 24 पिता से लेता है। पुरुष के क्रोमोसोमस् का अन्तिम जोड़ XY होता है और नारी का XX, गर्भाधान के समय माँ के डिम्ब से 23+X और पिता के शुक्रकीट से 23+X क्रोमोसोमस् मिलने पर भ्रूण लड़की का शरीर लेता है और माँ के डिम्ब से 23+X और पिता के शुक्रकीट से 23+Y मिलने पर लड़के का शरीर धारण करता है। अतः पुत्र या पुत्री होना एक संयोग की बात होती है। इसके लिए माता को दोष देना या पिता को कमजोर मानना दोनों ही धारणाएँ वैज्ञानिक रूप से गलत है।

सेक्स क्षमता

प्रत्येक व्यक्ति की सेक्स क्षमता अलग-अलग होती है। यह निम्नलिखित कारणों पर निर्भर करती है-

1. व्यक्ति विशेष की आयु और उसकी हार्मोन उत्पादन करने वाली ग्रन्थियों की क्षमता।
2. उसकी जीवनशैली, विचारधारा और पर्यावरण।
3. आनुवंशिकता (Heredity) तथा पालन-पोषण का स्तर।

1. आयु

बालिकाओं में 11-12 वर्ष की आयु से उनके शरीर में सेक्स हार्मोंस सक्रिय होना शुरू हो जाते हैं। कुछ बालिकाओं में 14-15 वर्ष की आयु से हार्मोंस सक्रिय होते हैं। इसके साथ ही उनमें काम आकर्षण तथा विपरीत यौन के प्रति उत्सुकता जाग्रत होने लगती है। 18 वर्ष की आयु तक पहुँचने पर सेक्स हार्मोंस अत्यधिक

सीमा में निकलना शुरू हो जाते हैं। सेक्स हार्मोंस बनने के साथ ही कुछ महीने में बालिकाओं का मासिक धर्म शुरू हो जाता है। इसका अर्थ यह होता है कि प्रकृति ने उन्हें सेक्स सुख पाने तथा माँ बनने की क्षमता देनी शुरू कर दी है। यह क्षमता 18 वर्ष की आयु तक पूरी हो जाती है और यही आयु विवाह करने या मातृत्व प्राप्त करने की उचित आयु मानी जाती है।

हरेक बालिका में समान मात्रा में हार्मोंस नहीं बनते। अत: उनमें सेक्स क्षमता भी भिन्न-भिन्न होती है। इसके विपरीत किशोरों में किशोरियों की तुलना में सेक्स हार्मोंस कुछ वर्ष देर से सक्रिय होते हैं। यह आयु 15 से 16 के मध्य होती है। इसके बावजूद कुछ किशोरों में इससे भी जल्दी या देर में सेक्स हार्मोंस सक्रिय हो सकते हैं। किशोरों में इन हार्मोंस की सक्रियता शुरू होते ही मूँछे-दाढ़ी के बाल आने शुरू हो जाते हैं। उनके चेहर पर एक खास तरीके का पुरुषत्व आने लगता है। साथ ही सेक्स अंग, विषेष रूप से लिंग का आकार और उसकी स्तम्भन शक्ति में वृद्धि होने लगती है। उनका किशोरियों, युवतियों आदि के प्रति आकर्षण बढ़ने लगता है। उनके अपने शरीर का प्रत्येक अंग शक्तिशाली एवं आकर्षक रूप धारण करने लगता है।

किशोरियों के उरोजों (वक्षस्थल) तथा नितम्बों में नया उभार आना शुरू हो जाता है। उनका मुखमण्डल योवन के तेज से सुन्दर तथा आकर्षक हो उठता हैं। वे अपने शरीर को सुन्दर, आकर्षक और आभापूर्ण बनाने के लिए तरह-तरह के श्रृंगार आदि करने लगती है।

सभी किशोरों में समान सेक्स-क्षमता या शक्ति नहीं होती। इसका कारण है- हर व्यक्ति में सेक्स हार्मोंस के बनने की मात्रा सक्रियता आदि अलग-अलग होती है। तथापि यह देखा गया है कि अधिकांश किशोरों में सेक्स हार्मोंस के सक्रिय होते ही अपने शरीर को शक्तिशाली तथा सुन्दर बनाने की प्रवृत्ति बढ़ जाती है। दूसरे शब्दों में वे किशोरियों को अपनी ओर आकर्षित करने के प्रयत्न शुरू कर देते हैं। सेक्स हार्मोंस का हमारे मनोमस्तिष्क पर इतना गहरा प्रभाव पड़ता है कि नवयुवक-नवयुवतियाँ एक-दूसरे का प्यार पाने के लिए अपने जीवन तक की बाजी लगा देते हैं।

2. जीवनशैली, विचारधारा और पर्यावरण

हमारे दिन-प्रतिदिन की सकारात्मक दिनचर्या, नियमित व्यायाम या योगाभ्यास और स्वास्थ्यप्रद भोजन, पानी, वायु, सूर्य प्रकाश तथा अच्छी परिस्थितियाँ हमें

स्वस्थ रखती है। इसके विपरीत तम्बाकू, सिगरेट, शराब आदि नशे करने वाले, नकारात्मक विचारों (जैसे भय, चिन्ता, क्रोध आदि) को रचाने वाले तथा स्थास्थ्य के नियमों का पालन नहीं करने वाले लोग प्रायः तरह-तरह के रोगों से ग्रस्त रहते हैं। अतः उनका स्वास्थ्य भी ठीक नहीं रहता। स्त्री या पुरुष जो जितना स्वस्थ होता है, उसकी सेक्स सुख लेने-देने की क्षमता उतनी ही अधिक होती है और वह वृद्धावस्था में भी बनी रह सकती है। शुद्ध वायु, जल स्वास्थ्यप्रद भोजन और शुभ जीवनशैली (Positive Style of Living) स्वास्थ्य के साथ ही कामशक्ति तथा स्तम्भन शक्ति को बढ़ाती है। आनुवंशिकता तथा पालन-पोषण का स्तर शुभ तथा स्वस्थ जीवनशैली एवं स्वास्थ्यप्रद वातावरण को अनेक वैज्ञानिक आनुवंशिकता (Heredity) से भी अधिक महत्त्वपूर्ण मानते हैं। एक कमजोर यौनशक्ति रखने वाले दम्पत्ति की सन्तान को यदि स्वास्थ्यप्रद वातावरण में रखा जाये और वह स्वस्थ जीवनशैली अपनाये तो उसमें अपने माता-पिता से अधिक सेक्स शक्ति विकसित हो सकती है। यहाँ मैं यह स्पष्ट कर देना चाहता हूँ कि तम्बाकू, सिगरेट, गुटखा का उपयोग सेक्स शक्ति को अत्यधिक हानि पहुँचाता है। मदिरापान भी केवल एक-दो छोटे पैग तक ही उचित है, उससे अधिक अत्यन्त हानिकारक हो सकती है। ये बाते युवावस्था में ही साधारण लगती है परन्तु 40 की उम्र पाते ही नशे की लत पालने वाले लोग नपुंसकता की ओर बढ़ने लगते हैं। यदि खराब स्वास्थ्य रखने वाले किशोर-किशोरी नियमित रूप से व्यायाम, खेल-कूद और योगाभ्यास करने के साथ ही स्वास्थ्यप्रद भोजन लें, शुद्ध जल, शुद्ध वायु का उपयोग करें एवं शुभ विचार (Positive Thinking) तथा शुभ दृष्टिकोण रखें तो निश्चय ही एक-दो वर्ष में अपने स्वास्थ्य में दर्शनीय सुधार कर सकते हैं। इससे उनकी कामशक्ति (Sexual Power) और स्तम्भनशक्ति (अधिक अवधि तक सम्भोग करते रहने की शक्ति) भी बढ़ेगी। वे वृद्धावस्था में भी काम-सुख प्राप्त करने की शक्ति रखेंगे।

मैं अपने शिष्यों और सलाह चाहने वालों से सदैव यह अनुरोध करता हूँ कि वे नियमित रूप से योगासनों तथा प्राणायाम का अभ्यास करें। तम्बाकू, शराब आदि नशों को जितनी जल्दी हो सकें त्याग दें। इसके साथ ही मौसमी फलों, सब्जियों और सूखे मेवों का उचित मात्रा में नियमित रूप से उपयोग करें। विशेष रूप से लहसुन, प्याज, अंडा, दूध, आखरोट, पिश्ता, अनार का रस, खजूर, केला सेव, अंगूर का नियमित सेवन कामशक्ति की वृद्धि करता है। ऊँटनी का दूध विशेष लाभ पहुँचाता है। मेरी सलाह को जिन लोगों ने माना और उस पर दृढ़ता

से चले हैं, उनकी सेक्सुअल पॉवर में दोगुनी वृद्धि हुई है।

कामेच्छा का ज्वार-भाटा

कामेच्छा अर्थात् सम्भोग सुख पाने की इच्छा पर अनेक बातों का प्रभाव पड़ता है। सम्भोग में वीर्य स्खलन के बाद पुरुष तथा स्त्री दोनों में ही एक सुखद थकान की अवस्था आती है। इस दौरान यदि कामवासना को उत्तेजित करने के प्रयत्न भी किये जायें तो यौनांगों में तनाव नहीं आता। युवक-युवतियों में यह अवस्था बहुत थोड़े समय के लिए होती है। वे 25-30 मिनट के बाद फिर से मैथुन कर सकते हैं। परन्तु जैसे-जैसे उम्र बढ़ती जाती है, सुखद थकान की अवस्था का समय भी बढ़ता जाता है। धीरे-धीरे कुछ वर्षों के बाद एक बार में ही दोनों सन्तुष्ट हो जाते हैं सम्भोग के बाद अधिकांश नारियों की इच्छा होती है कि पुरुष मधुर शब्दों में उसकी प्रशंसा करते हुए उसे अपने आलिंगन में लेकर सो जाये। अधिकांश पुरुष सम्भोग के बाद पीठ फेर कर सो जाते हैं जो पारस्परिक प्रेमभाव के विपरीत है।

यह देखा गया है कि पूर्णमासी के अवसर पर युवक-युवतियों में कामवासना की वृद्धि हो जाती है। पूरे चाँद की रात में दूधिया चाँदनी, नदी या सागर का तट, मस्त हवा के झोंके उनके दिलोदिमाग में अपने प्रिय से मिलने की प्रबल इच्छा जगा देते हैं। इसी प्रकार वसन्त के आगमन, रंगो के त्यौहार होली, दीपकों के उत्सव दीवाली आदि पर्वों पर प्रकृति का रूप इतना लुभावना और काम वासना को जगाने वाला होता है कि प्रेमी हृदय अकेला नहीं रहना चाहता। सावन में कजरारे बादलों से खेलता चन्द्रमा और गरजते हुए मेघों से बरसती बौछारों में भला कौन प्रेमी जोड़ा अकेला रहना चाहेगा?

इसके अतिक्ति पुरुषों में कामेच्छा (सम्भोग करने की इच्छा) सप्ताह में एक दिन विशेष रूप से साप्ताहिक छुट्टी से एक दिन पूर्व या शनिवार की रात अपने चरम बिन्दु पर पहुँच जाती है। अधिकांश महिलाओं में मासिक धर्म होने से कुछ दिन पूर्व और मासिक धर्म होने के एक-दो दिन बाद समागम इसके अलावा सम्भोग की इच्छा अत्यधिक होती है। इसके अलावा कामेच्छा पर आर्थिक सुरक्षा, परिवार के प्रेम भरे या तनाव भरे वातावरण, सुख-सुविधाओं, सेक्सी फिल्मों, सीरियलों और इन्टरनेट (Internet) के कामोत्तेजक कार्यक्रमों आदि का भी प्रभाव पड़ता है। प्रेमी-प्रेमिका या स्त्री-पुरुष के बीच प्यार भरे मधुर वाक्य और कार्य जहाँ उनके प्रणय बन्धन को शक्तिशाली बनाते

है, वहीं एक-दूसरे को ताने मारना, अपमान करना या दूसरे के परिजनों की निन्दा करना प्रेम की घृणा में बदल देता है।

वैवाहिक जीवन हो या 'लिव इन रिलेशन्स' एक बुद्धिमान व्यक्ति संसार के इस कटु सत्य को सदैव याद रखता है कि 'गरीब, सदा रोगी रहने वाले, क्रोधी और तुनकमिजाज स्वभाव वाले को कोई प्यार नहीं करता। ऐसा व्यक्ति जीवन में सफलता भी नहीं पाता।' अत: वह सदा स्वस्थ, प्रसन्नचित और व्यवहारकुशल बनने का प्रयत्न कर धनार्जन करने के लिए कार्य करता है। सदैव पाजिटिव जीवनशैली का पालन करना ही हर क्षेत्र में सुखद होता है चाहें वह आर्थिक क्षेत्र हो या सेक्स।

जहाँ उचित व्यायाम या योगसाधना व्यक्ति की सेक्स शक्ति में वृद्धि करती है, वहीं अधिक शारीरिक या मानसिक थकान, रोग और शोक में प्राय: सम्भोग करने की इच्छा ही समाप्त हो जाती है। अत: इस दिशा में कोई कदम उठाने से पहले अपने पार्टनर की मानसिक स्थिति का पता लगाते रहें और उसकी भावनाओं का सम्मान करें।

४

किशोर अवस्था की सेक्स समस्याएँ

किशोर अवस्था में अधिकांश लोग निम्नलिखित समस्याओं का सामना करते हैं-

1. हस्तमैथुन (Masturbation)
2. स्वप्नदोष (Nightfall)
3. अपने ही यौन के प्रति आकर्षण
4. अकेला पड़ जाने की उदासीनता

1. हस्तमैथुन (Masturbation)

चौदह-पन्द्रह वसंतो के सौन्दर्य का अनुभव करने के साथ ही किशोर-किशोरियों के शरीर में बनने वाले सेक्स हार्मोंस का प्रबल प्रभाव उनके तन-मन और मस्तिष्क पड़ने लगता है। सेक्स ऊर्जा इतनी अधिक मात्रा में बनती है कि वे किसी विपरीत यौन के व्यक्ति के साथ उसे बाहर निकालना चाहते हैं। परिवार तथा समाज के नियमों के अनुसार उनको इसकी सुविधा नहीं मिलती। ऐसे में जब वे एकान्त में होते हैं और अपने किसी प्रेमी या प्रेमिका की याद करते हैं तो उनको अपने काम अंगों में तनाव अनुभव होने लगता है। कोई अन्य साधन या उपाय नहीं होने पर उन्हें अपने काम अंगो को सहलाने तथा रगड़ने में सुख मिलता है। अत: लड़के अपने लिंग और लड़कियाँ अपनी भगनासा (Clitoris) तथा योनि को सहलाकर तथा रगड़कर अपने काम की प्यास बुझाते हैं। हस्तमैथुन के फलस्वरूप लड़कों के लिंग से वीर्य निकलता है तथा लड़कियों की योनि से योनिस्राव होता है।

हमारे देश के आध्यात्मिक माने जाने वाले धर्मोपदेशक अपने प्रवचनों तथा पुस्तकों में ब्रह्मचर्य की महिमा का गान करते नहीं थकते। हस्तमैथुन की इतनी निन्दा करते तथा स्वास्थ्य के लिए इतना हानिकारक बताते हैं कि कुछ पूछिए

नहीं। कुछ धर्माधिकारी यहाँ तक कहने से बाज नहीं आते कि हस्तमैथुन करने से लड़के नपुंसक हो जायेंगे और उनकी काम इन्द्री सम्भोग करने लायक भी नहीं रहेगी, वे बच्चे भी पैदा नहीं कर सकेंगे, उन्हें अपनी भावी पत्नी के सामने शर्मिन्दा होना पड़ेगा आदि-आदि।

इस विषय में दर्जनों युवक-युवतियों ने मुझसे सलाह ली है और मैंने उनसे यही कहा है कि अधिकांश अच्छे घर के लड़के-लड़कियाँ अपनी किशोर अवस्था या नवयौवन की अवस्था में मास्टरबेशन करते हैं और इससे उस तरह की कोई हानि नहीं होती जैसाकि कुछ अज्ञानी लोगों ने प्रचारित कर रखा है। हस्तमैथुन से आज तक न कोई नपुंसक हुआ और न भविष्य में हो सकेगा। लड़को के शरीर से हस्तमैथुन या मुट्ठी मारने से अधिक से अधिक उतना ही वीर्य निकल सकता है जितना कि लड़की के साथ सम्भोग करने पर निकलता है। इसी प्रकार हस्तमैथुन करने वाली लड़कियों के शरीर से भी अधिक से अधिक उतनी ही ऊर्जा खर्च हो सकती है जितना कि सम्भोग करने पर निकलती है।

आइए! अब आपको अपने निजी अनुभवों में से एक सत्य घटना सुनाता हूँ-

योग तथा रेकी का प्रशिक्षक होने के कारण मेरे पस युवक-युवतियों के फोन आते रहते हैं, इनका मुख्य लक्ष्य अपने जीवन की समस्याओं का हल जानना होता है।

एक दिन सुबह ही गाजियाबाद से एक युवक का फोन आया कि वह हस्तमैथुन करने की अपनी आदत से बहुत परेशान है और आत्महत्या करना चाहता है। कारण पूछने पर पता चला कि उसकी शादी एक-दो माह में होने वाली है। वह यह सोच-सोचकर परेशान होता जा रहा है कि अपनी पत्नी से कैसे सम्भोग करेगा?

मैंने कहा, 'आप मुझसे मिलने आ जाइए! मैं आपकी समस्या हल कर दूँगा, हाँ! आपको मेरी फीस देनी होगी।'

'मैं आपको दोगुनी फीस दूँगा, लेकिन आपको मेरी समस्या हल करनी पड़ेगी।'

'मुझे मंजूर है आप आइए! मैं आपकी समस्या हल करने की गारण्टी देता हूँ।'

वह युवक मेरे घर आया। उसकी उम्र करीब 23 साल की थी। उसने बताया कि वह हर सप्ताह यह निश्चय करता है कि अब वह हस्तमैथुन नहीं करेगा

लेकिन कभी आठ दिन और कभी दस दिन बाद वह रात होते ही अपने कमरे में जाकर हस्तमैथुन कर डालता है। मैंने प्रश्न किया, 'ऐसा करते हुए तुम्हारे दिमाग में क्या ख्याल आते हैं? जरा विस्तार से बताओ!'

'मेरे मन को जो फिल्म एक्ट्रेस या गर्लफ्रैन्ड अच्छी लगती है, उसकी छवि मेरे मन में होती है और मैं सोच रहा होता हूँ कि मैंने उसके वस्त्र उतार दिये हैं, वह पूरी तरह दिगम्बर है और मैं उसके एक वक्ष से खेल रहा हूँ और दूसरे वक्ष को चूस रहा हूँ। यह ख्याल आते ही मेरा लिंग खड़ा हो जाता है, फिर मैं कल्पना करता हूँ कि वह मेरे लिंग से खेल रही है और मैं उसकी योनि सहला रहा हूँ ऐसी कल्पना करते ही मेरा लिंग खड़ा होकर अकड़ने लगता है और मैं आँखें भीच कर कल्पना करता हूँ कि उसकी योनि में अपना लिंग प्रवेश करके मैं धक्के पर धक्के लगाये जा रहा हूँ। मैं कल्पना में उस युवती को 'हाय राम! मर गयी! जरा धीरे आदि शब्दों को सुनता हूँ।' ऐसा होते ही पूरे जोश से मुट्ठियाँ चलाने लगता हूँ और चार-पाँच मिनट के बाद मैं स्खलित हो जाता हूँ। वीर्य की पिचकारी-सी छूटती है और मैं निढाल होकर आँखें मीचे-मीचे ही करवट बदल कर पड़ा रहता हूँ। उस समय मुझे अत्यधिक सुख का अनुभव होता है। दो-तीन मिनट के लिए मैं अपने को भी भूल जाता हूँ। लेकिन उसके बाद मुझे अपने घिनोने कार्य पर बहुत शर्म आती है। वीर्य को पोंछते हुए मैं मन ही मन अपने को धिक्कारता हूँ और प्रण करता हूँ कि आइन्दा से ऐसा पाप फिर नहीं करूँगा। मैं इस तरह बहुत वीर्य नष्ट कर चुका हूँ।'

☛ 'अच्छा, यह बताओं कि क्या तुम्हारा लिंग पूरा कठोर पड़ जाता है और कितनी देर तक उस अवस्था में खड़ा रहता है?'

☛ उसने उत्तर दिया, 'जी! पूरा कठोर पड़ जाता है और करीब छः इंच से अधिक लम्बा हो जाता है। मैं अगर काम वासना के विचार करता हूँ तो वह आठ-दस मिनट से ज्यादा समय तक थोड़ा अप-डाउन होता रहता है।'

☛ मैंने फिर पूछा, 'आज से पहले तुमने कब हस्तमैथुन किया था?' क्या अब अपने कामांग को खड़ा कर सकते हो?

☛ 'जी! कल आधी रात को ही किया था। अगर एकान्त होता और मैं सेक्स की कल्पनाओं में खो जाता तो फिर उत्तेजित हो सकता था। लेकिन दूसरे साथी की उपस्थिति में नहीं कर सकता।

☛ अच्छा एक बात और बताओं कि कितने मिनट तक लिंग को सहलाने और रगड़ने के बाद वीर्य निकलता है?

☛ यह समय छ: से दस-बारह मिनट तक का होता। जब धीरे-धीरे, रूक-रूक कर करता हूँ, तो इससे ज्यादा मिनट लग जाते हैं।

☛ मैंने उसे आश्वस्त करते हुए कहा, 'सेक्स क्रिया की दृष्टि से तुम बिलकुल स्वस्थ हो क्योंकि सम्भोग की मुख्य क्रिया में भी लगभग उतना ही समय लगता है, जितना कि तुम्हारा हस्तमैथुन करने में लगता है। इसलिए तुम्हारा यह विश्वास करना बिलकुल गलत है कि शादी करने के बाद तुम अपनी पत्नी को सेक्स सन्तुष्टि नहीं दे सकोगे। अच्छा! यह बताओं कि तम्हारे दिमाग में यह गलत विश्वास कैसे बैठा?

☛ 'मैंने ब्रह्मचर्य और गृहस्थ जीवन पर अनेक स्वामियों और विद्वानों की पुस्तकें पढ़ी है। अनेक पण्डितों और आचार्यों के प्रवचन सुने हैं। सभी यह कहते हैं कि हस्तमैथुन की आदत से लिंग कमजोर और टेढ़ा पड़ जाता है जिससे व्यक्ति नपुंसक हो जाता है।'

☛ ध्यान से मेरी बातें सुनो! यह मैं अपने ही नहीं वरन् अनेक महिलाओं और पुरुषों के अनुभवों के आधार पर बता रहा हूँ। हस्तमैथुन उस समय तक हानि नहीं पहुँचा सकता जब तक तुम पागलों की तरह उसमें न लगे रहो। अगर तुममें सम्भोग की शक्ति नहीं होगी तो तुम्हारा लिंग पूरी तरह नहीं उठेगा और न तुम्हें हस्तमैथुन में उतना समय लगेगा जितना तुम्हें लगता है। इसके साथ ही तुम्हें अपने लिंग में दर्द भी अनुभव हो सकता है। तुम्हें वीर्य स्खलन के समय पीड़ा होगी। यह सेक्स विशेषज्ञ डाक्टरों (Sex expert doctors) का निष्कर्ष है।

और मुझे यह स्वीकार करने में कोई संकोच नहीं कि अपनी युवा अवस्था में मैंने स्वयं हस्तमैथुन किया है। आज मेरा गृहस्थ जीवन पूरी तरह ठीक है और मेरे तीन स्वस्थ तथा बुद्धिमान बच्चे हैं।

मैंने अपनी बात को आगे बढ़ाते हुए कहा, एक बात का जरूर ध्यान रखना! जब भी हस्तमैथुन करो पूरे ध्यान और रुचि से करो। उसे पाप या नपुंसकता से मत जोड़ो। उसी तरह पूरे प्रेम और उत्साह से करो जैसे तुम अपनी पत्नी से भविष्य में करोगे। पहले से ही सुगन्धित तेल, तौलिया, साबुन आदि अपने पास

रखो। किसी प्रिय संगनी की फोटो भी सामने रखो। आँखें बन्दकर पहले पूरी तरह अपने शरीर को शिथिल करो, अपनी कल्पना में अपनी प्रेमिका को लाओ। उसके साथ प्रेम क्रीड़ा करने में 20-25 मिनट गुजारो, उससे मधुर-मधुर बातें करो। इन सभी क्रियाओं को पूरे प्रेम-भाव से करो, मन में रंच मात्र भी यह विचार मत लाओ कि तुम अपनी पसन्द का कोई संगीत का कैसेट या सीडी भी सुनते जाओ। जब प्रणय क्रीड़ाओं के बाद तुम्हारा मन अपनी प्रेमिका के साथ सम्भोग करने का हो तब अपने मन में रहने वाली प्रेमिका से पूछो कि क्या उसका भी मूड सम्भोग करने का है? अगर उसकी रजामन्दी मिल जाती है तब धीरे-धीरे हस्तमैथुन करो। पूरी तेजी बाद में लाओ। सम्भोग करते हुए अपनी प्रेमिका की भावनाओं का भी ध्यान रखो। उससे बीच-बीच में पूछते जाओ कि कैसा लग रहा है? अगर तुम्हारे दिल में बैठी प्रेमिका सम्भोग के लिए मना करती है तो उस रात सम्भोग मत करो।

इस प्रकार हस्तमैथुन करने पर तुम्हें उतना ही सुख मिलेगा जितना सम्भोग करने पर मिलता है। इस काल्पनिक सम्भोग के बाद अपनी प्रेमिका को धन्यवाद दो, प्रकृति माता का आभार मानों कि उसने तुम्हें इतनी यौनशक्ति दी है कि तुम उसे व्यर्थ में निकल रहे हो और सन्तोष प्राप्त कर रहे हो।

☛ क्या इस प्रकार व्यर्थ में वीर्य निकालने पर मेरी शक्ति खत्म नहीं होगी।

☛ जरूर खत्म होगी, लेकिन वह जल्दी ही फिर बन जायेगी। तुम जिस आयु में हो उसमें सेक्स ग्रन्थियाँ पूरी तरह सक्रिय रहती है।

☛ उसने कहा, 'मैं चाहता हूँ कि अब कभी हस्तमैथुन नहीं करूँ, आप कोई ऐसा उपाय मुझे बताने की कृपा करें।'

☛ मैं एक क्षण को शान्त रहा, कुछ सोच-विचार करने के बाद उत्तर दिया, 'तुमने थोड़ा बहुत विज्ञान का अध्ययन किया है।'

☛ 'जी हाँ! हायर सेकेण्डरी तक।'

☛ पहली बात यह जानो कि तुम्हारी इस उम्र में जो सेक्स हार्मोंस बन रहे हैं, वे ही तुम्हारे तन-मन को सेक्स क्रिया करने के लिए उत्तेजित कर रहे हैं। युवावस्था में सेक्स ऊर्जा की ऐसी स्थिति होती है जैस वर्षा ऋतु में बाढ़ आने पर बाँधों के पूरी तरह भर जाने पर होती है। इंजीनियरों को उस बढ़े हुए पानी को बाहर निकालना ही पड़ता है अन्यथा बाढ़ के पानी का दबाव बाँध को तोड़ देगा। हस्तमैथुन से चाहो तो ऊर्जा को

निकालो या नहीं निकालो, तुम्हारा शरीर उस बढ़ी हुई ऊर्जा के दबाव को स्वपनदोष के रूप में निकाल देगा।

☛ तो फिर मैं क्या करूँ?

☛ अपने मन पर कोई बन्धन मत बाँधो। बन्धन बाँधने से मन और जोर मारेगा, क्योंकि हमारे मन की प्रकृति ऐसी है कि जिस कार्य के लिए उसे मना करेंगे वह उसे ही करने के लिए मचलेगा। लेकिन वही काम जब तम एक सुन्दर और शुभ भाव से करोगे तो पहला लाभ यह होगा कि मन में हीनता या पाप करने का भाव नहीं सतायेगा। हीनता और पाप का भाव अगर तुम बार-बार दोहराओगे तो वह तुम्होर तन-मन पर खराब असर डालने लगेगा।

☛ यह बताइए कि आप खुद हस्तमैथुन करने को अच्छा समझते हैं या खराब?

☛ मैं इसे अच्छा या खराब, पाप या पुण्य की दृष्टि से नहीं विचारता। मैं इसे व्यक्ति तथा समाज के लिए हितकर मानता हूँ। अपनी कामवासना की भूख को शान्त करने के लिए वेश्याओं या अपरिचित युवतियों के पास जाकर सम्भोग करने में समय तथा धन ही नहीं खर्च होता वरन् सिफलिस, गिनोरिया आदि जैसे अनेक रोगों के लगने का बहुत खतरा होता है। इसके अतिरिक्त टीवी, दमा, त्वचा रोग भी लग सकते हैं। इसके अलावा किसी सभ्य-सज्जन घर की युवती के साथ सम्भोग या बलात्कार करना तो इससे भी बुरा व गैरकानूनी है। अपनी तथा परिवार की बेइज्जती भी होती है।

☛ हस्तमैथुन करने में ये सब झंझट नहीं। लेकिन इसके बावजूद भी तुम इससे बचना चाहो तो खेल-कूद, संगीत नृत्य आदि प्रतियोगिताओं में भी भाग ले सकते हो, किसी अच्छे सामाजिक आन्दोलन से जुड़ सकते हो या योग-ध्यान आदि की साधना करने में लग जाओ। इस सम्बन्ध में योगासनों तथा ध्यान करने से पर्याप्त लाभ हो सकता है। परन्तु एक मुख्य तथ्य की ओर तुम्हारा ध्यान जरूर आकर्षित करूँगा। मन पर हस्तमैथुन करने पर पाबन्दी लगाने के बारे में अपने मन की शक्ति खर्च करने के बजाय दूसरे महत्त्वपूर्ण कार्यों पर ध्यान दो।

☛ युवक अचानक खुश होकर बोला, ओह! मैं समझ गया असली बात है मन को अपनी पसन्द और रुचि के कार्यों में केन्द्रित करना, बाकी अगर

इसके बावजूद भी कभी बहुत इच्छा हो तो मैं आपकी विधि के अनुसार मास्टरबेसन कर सकता हूँ।

☛ बिलकुल ठीक समझे आप! अगर आप अपनी रुचि के कामों में लगेंगे और खेलकूद योगासन वगैरह में अपना समय तथा ऊर्जा खर्च करेंगे तो उससे जो खुशी मिलेगी वह आपके मन को कामुक विचारों से अपने-आप दूर रखेगी, दूसरे इस प्रकार समय तथा शारीरिक ऊर्जा (Energy) खर्च हो जाने के बाद मास्टरबेसन की ओर ध्यान बहुत कम जायेगा। उसकी आदत भी कम हो जायेगी या खत्म हो जायेगी।

मेरी बातों और उपायों से सन्तुष्ट होकर वह खुशी-खुशी विदा हो गया।

एक माह बाद उसका फोन फिर आया। उसने बताया कि अब वह खेल-कूद तथा फिल्मी गाने सीखने में पूरी रुचि ले रहा है और उसकी हस्तमैथुन करने की आदत खत्म हो गयी है। अगले माह उसका विवाह होना निश्चित हो चुका है और वह रोज जिम (Gym) जाता है।

2. स्वप्नदोष (Nightfall)

यह एक प्राकृतिक क्रिया है। हमने हस्तमैथुन की आदत पर प्रकाश डालते हुए बताया था कि किशोर अवस्था से लेकर युवावस्था तक शरीर में इतनी अधिक काम ऊर्जा बनती है कि तन-मन उसे सीमा से ज्यादा होने पर बाहर निकालना चाहता है। स्वप्नदोष इसी कारण घटित होता है। हमारे उपचेतन मन (Subconscious mind) में दबी काम इच्छा (Sexual desire) स्वप्न में मन चाही युवक-युवती की छवि बनाकर उसके साथ सम्भोग कर अपनी शारीरिक तथा मानसिक इच्छा की पूर्ति कर लेती है।

युवक-युवतियों को अगर माह में एक-दो बार स्वप्नदोष हो जाता है तो चिन्ता नहीं करनी चाहिए। यह एक स्वाभाविक शारीरिक प्रतिक्रिया है। स्वप्नदोष अगर इस संख्या से अधिक बार होता है तो निम्नलिखित उपाय अपनाने चाहिए-

1. इण्टरनेट, वीडियो आदि पर कामोत्तेजक फिल्में या पॉर्न (Pornography) देखने से बचें।
2. कामोत्तेजक अर्थात् कामवासना (Sexual desire) को भड़काने वाली पुस्तकें नहीं पढ़े।
3. इण्टरनेट या मोबाइल पर सेक्सी बातचीत या चित्रों के आदान-प्रदान से बचें।

4. अपने जीवन लक्ष्य को पाने के प्रति गम्भी (Serious) बने। आजकल के अत्यधिक प्रतियोगिता पूर्ण जीवन में परीक्षाओं में बहुत अच्छे अंक लाये बिना कोई युवक-युवती आगे नहीं बढ़ सकता। इसके साथ ही शारीरिक रूप से स्वस्थ रहना भी बहुत जरूरी है। अतः इन लक्ष्यों पर ध्यान दें।
5. सिनेमा की कामोत्तेजक फिल्मों को देखने से बचें। ये आपके उपचेतन मन में सेक्स सुख पाने की इच्छा को अत्यधिक बढ़ा देती है।
6. महानपुरुषों की जीवनियाँ तथा जीवन में कुछ महान् बन कर दिखलाने की प्रेरणा देने वाली पुस्तकों के नित्य 4 पृष्ठ अवश्य पढ़े। महान् प्रेरणा देने वाली फिल्में देखें। समाजसेवा, देशसेवा आदि के कार्यों में लगने से भी व्यक्ति अपनी सेक्स शक्ति को रूपान्तरित कर सकता है।
7. लड़के-लड़कियों की ऐसी संगत से बचे जहाँ कामोत्तेजक मजाक या बातें अत्यधिक होती है।
8. रात को हल्का भोजन लें। भोजन के बाद 2-3 फर्लांग घूमने जाये या बज्रासन पर बैठें।
9. माँस, चाट, अण्डे तथा अधिक मात्रा में प्याज आदि (ऐसी चीजें जो शरीर में अधिक गरमी या उत्तेजना पैदा करती हैं।) अधिक नहीं खायें। याद रखिए कब्ज होने से कामवासना का आवेग बढ़ जाता है।
10. किशोर और युवा अवस्थाओं में नित्य दौड़ना, तेज चलना, व्यायाम तथा योगासन करना शरीर तथा मस्तिष्क के लिए बहुत उपयोगी होता है।
11. जब भी समय मिलें तो जरूर हँसिए, जोर से हँसिए। अच्छे चुटकुले, मजाक आदि याद रखिए और उन्हें सुनिए तथा सुनाइए। संगीत तथा नृत्य भी कामशक्ति को रूपान्तिरित करने में बहुत मदद करते हैं। कहानियाँ, कवितायें, लेख आदि लिखना, भाषण, अभिनय, चित्रकला, मूर्तिकला आदि विभिन्न कलायें भी सेक्स शक्ति को सही तथा उपयोगी दिशा में आगे बढ़ाती है।
12. योगासनों में बज्रासन, सर्वांग, हल, उष्ट्र, मत्स्य, पवन मुक्त, धनुरासन छात्र-छात्राओं के शरीर को ही नहीं वरन् मस्तिष्क को भी शक्तिशाली बनाते हैं।
13. योग की मुद्रायें जैसे मूलबन्ध, जालंधर बन्ध, उड्डियान बन्ध तथा

कपालभाति व्यक्ति की कामशक्ति, स्तम्भन शक्ति को बढ़ाते हैं। इसके अलावा इनसे शारीरिक और मानसिक शक्तियाँ भी विकसित होती है। ये नियम हस्तमैथुन की आदत को छोड़ने तथा स्पप्नदोष को कम करने में भी सहायता करते हैं।

अपने मनोमस्तिष्क में एक मुख्य बिन्दु सदैव याद रखें- मान लीजिए कि यदि आपके पास खाने के लिए भोजन नहीं हैं और ऐसी स्थित में आप भूख बढ़ाने वाला चूर्ण खाते हैं तो निश्चय ही भूख बढ़ाने वाला चूर्ण खाते हैं तो निश्चय ही भूख बढ़ेगी और आप ऐसी चीजें खाने की कोशिश करेंगे जो आपके भोजन योग्य नहीं हैं। इसी प्रकार यदि आपके पास सेक्स की इच्छापूर्ति का साधन नहीं और आप कामोत्तेजक साहित्य, फिल्म आदि देखेंगे तो मन में जाग्रत मामोत्तेजना हानिकारक विधियों द्वारा इच्छापूर्ति करेगी। अतः कामोत्तेजना बढ़ाने वाली वस्तुओं का उपयोग उचित संगनी/साथी मिलने के बाद ही उचित सुख देगा अन्यथा दुःख का कारण बनेगा।

इसलिए इण्टरनेट पर कामोत्तेजक साहित्य फिल्म आदि का सुख लेना और कामुकता भरी चैटिंग करना या अपने मोबाइल फोन द्वारा सेक्सी मेसेज, फोटो आदि भेजना और लेना जिसे (Sexiting) सेक्साइटिंग कहते हैं, नवयुवकों के अन्दर डिप्रेशन का रोग लगा सकती है। अधिक देर तक बैठे रहने से व्यक्ति अनेकों शारीरिक रोगों और कमजोरी का शिकार हो जाता है। सभी इलेक्ट्रॉनिक गजट से अदृश्य रेडियेशन होता है जिससे केंसर तक होने की सम्भावना होती है। अतः बुद्धिमान और जीवन में उन्नति करने की इच्छा रखने वाले नवयुवक तथा नवयुतियाँ इन हानिकारक आदतों से स्वयं दूर रहते हैं। इलेक्ट्रॉनिक उपकरणों व यन्त्रों का उतना ही उपयोग करें जितना आवश्यक हो और उन्हें अपने शरीर से दूर रखें।

3. अपने ही यौन के व्यक्ति के साथ सेक्स सन्तुष्टि

ज्हाँ युवक-युवतियों को विपरीत यौन का साथी नहीं मिल पाता और कुछ शारीरिक और मनोवैज्ञानिक कारणों से युवक का युवक के साथ तथा युवती का युवती के साथ सेक्स सम्बन्ध बन जाता है, वह मेरे विचार से अप्राकृतिक (Unnatural) है। ऐसे लोगों का विधिवत मनोवैज्ञानिक उपचार करवाना ही उचित है। लेस्बियन (Lesbian) या गे (Gay) विशेष रूप से लोगों को कहते हैं जो अपने ही सेक्स के व्यक्ति के साथ काम सम्बन्ध रखते हैं, जैसे पुरुष का

सेक्स सम्बन्ध पुरुष के साथ हो। गे (Gay) लोगों के प्रति समाज को उदारवादी दृष्टिकोण अपनाना चाहिए क्योंकि वे भी कुछ विशेष प्रकार की भौतिक तथा मनोवैज्ञाकि परिस्थितियों के कारण अप्राकृतिक यौन सम्बन्धों के प्रति लगाव विकसित करते हैं।

4. अकेला पड़ जाने की उदासीनता

प्रत्येक किशोर, किशोरी के जीवन में एक समय ऐसा आता है जब वह न युवा होता है और न ही बच्चा, उसकी आयु तो कम होती है, परन्तु सेक्स के प्रति एक प्रबल आकर्षण उत्पन्न होने लगता है। विपरीत लिंग का कोई संगी-साथिन नहीं मिलने, अथवा यदि मिल भी जाये, तो उसका आवश्यक प्रेम नहीं पाने के कारण वह अपने को बहुत अकेला और उदासीन अनुभव करने लगता है। यह स्थिति बहुत नाजुक होती है और ऐसा किशोर या युवक नशों अथवा गलत संगत का शिकार हो सकता है। ऐसी मनोस्थिति से बचाने की जिम्मेदारी विशेष रूप से माता-पिता की होती है। उन्हें चाहिए कि वे बच्चे को प्रेमपूर्वक सेक्स और उसके महत्त्व को समझायें। उसकी सेक्स भावना के प्रति आदर रखते हुए समझायें कि यदि वह अच्छा स्वास्थ्य, अच्छा व्यवहार और परीक्षाओं में अच्छे अंक लायेगा तो विपरीत लिंग के लोग उससे स्वयं मित्रता करना चाहेंगे। किशोर-किशोरियों को ऐसी मनोदशा में अपने क्षेत्र में अधिक से अधिक उन्नति करने की प्रेरणा देनी चाहिए ताकि वे अच्छी आर्थिक स्थिति को प्राप्त कर मनचाहे व्यक्ति से विवाह कर सकें। इसके अतिरिक्त स्वप्नदोष के अर्न्तगत बताये गये कुछ उपायों को अपनाने से भी इस उम्र में अकेले पड़ जाने की उदासीनता दूर हो सकती है।

५

कामकला की कार्यशाला
(Sex Training Institute)

अमरीका का खरबपति हैरिसन अपने इकलौते 18 वर्षीय पुत्र-पुत्री के भविष्य के बारे में बहुत चिन्तित रहता था। इसका एक कारण यह भी था कि उसकी दो ही सन्तानें थी। उनकी माँ का स्वर्गवास हो चुका था। पुत्र कार्नेगी और पुत्री कर्लिका दोनों बहुत सीधे-सरल तथा धार्मिक विचारों के थे। अत: उसने उन्हें युवावस्था के प्रारम्भ में ही सेक्स ट्रेनिंग इंस्टीट्यूट में एडमीशन दिलवा दिया। इसके साथ ही वहाँ के डायरेक्टर से यह विशेष अनुरोध भी किया कि उन दोनों को विशेष रूप से बिजनेस व राजनीति में सेक्स की शक्ति का उपयोग करने की विधियाँ भी सिखायी जायें।

स्थानाभाव की कमी और अपने मुख्य विषय पर केन्द्रित रहने की आवश्यकता के कारण हम यहाँ कार्नेगी और कर्लिका को दी जाने वाली सेक्स ट्रेनिंग पर ही अपना ध्यान केन्द्रित करेंगे। व्यापार और राजनीति में उपयोग किये जाने वाली सेक्स विधियों के बारे में इतना ही जानना पर्याप्त है कि आजकल इनका उपयोग एक आम बात है। यही नहीं वरन् भोली-भाली युवतियों को सम्पन्न तथा चतुर पुरुष उनसे शादी करने, उन्हें नौकरी देने अथवा फिल्म एक्टर बनाने का लोभ देकर उनके साथ भली-प्रकार रंगरेलियाँ मनाते तथा सम्भोग करते हैं। इसके साथ ही वे अपनी रंगीन सेक्स क्रियाओं की मोबाइल पर फिल्में भी लेते रहते है। अपना उल्लू सीधा करने के बाद इन युवतियों को उनकी सम्भोगरत नग्न फिल्में दिखाकर ये कुटिल दुष्ट लोग उन्हीं युवतियों को ब्लैकमेल करते हैं, जिनके प्रति कभी उन्होंने अपार प्रेम और प्रणय क्रीड़ाएँ करने के नाटक रचे थे। कभी-कभी ऐसा शोषण युवतियाँ भी युवकों के साथ करती पायी जाती हैं। बेशक ऐसे सभी कार्यों का विरोध होना चाहिए। बड़ी-बड़ी व्यापारिक कम्पनियाँ और गुप्तचर अन्तरराष्ट्रीय स्तर पर वीआईपी लोगों को अपने प्रणय जाल में फाँस कर उनसे

देश की महत्त्वपूर्ण जानकारियाँ निकाल लेते हैं या भयदोहन (Blackmail) करते हैं। कहने का आशय यह कि हमें और हमारे देश के उच्च अधिकारियों तथा राजनेताओं आदि को अपने सेक्स जीवन के प्रति बहुत सावधान रहना बेहद जरूरी है। आइए, अब हम युवक कार्नेगी की सेक्स शिक्षा पर ध्यान देते हैं।

कार्नेगी को यह इंस्टीट्यूट और वहाँ के स्टाफ सदस्य तथा छात्र-छात्राएँ बहुत अच्छे लगे। खाने-पीने, रहने, प्रशिक्षण देने आदि का वहाँ बिलकुल फाइव स्टार वाला प्रबन्ध था। शुरू के पहले सप्ताह उसे तरह-तरह के व्यायामों, साँस लेने-निकालने की विधियों तथा उनसे अपने तन-मन को नियन्त्रित करने की क्रियाओं, स्त्री-पुरुषों के प्रजनन अंगों, हार्मोंस आदि के बारे में विस्तृत जानकारी दी गयी। उसे लगता कि जैसे वह काम प्रशिक्षण (Sex training) नहीं वरन् डाक्टर या कमान्डो (Commando) बनने की ट्रेनिंग लेने आया हो। इसके साथ ही उसे अपने विचारों और भावों पर नियन्त्रण रखने, अभिनय करने आदि की ट्रेनिंग भी दी जा रही थी।

दुनिया का शायद ही कोई ऐसा विषय हो जिसकी बेसिक जानकारी उसे नहीं दी जा रही हो। दौड़-भाग, योगासन आदि इतने अधिक कराये जाते है कि वह बिस्तर पर लेटते ही, प्रशिक्षक के आदेशानुसार शवासन करते हुए सो जाता है। उसे रहने के लिए आलीशान कमरा मिला था जो ए.सी., फ्रिज आदि सभी प्रकार की सुख-सुविधाओं से पूर्ण था। उसके साथ एक युवा सहशिक्षिका बगल के कमरे में रहती थी। एक सेविका अलग से थी जो उसके भोजन, नाश्ते, सफाई आदि के कार्य करती थी। जो बातें लेक्चर रूम समझ में नहीं आती थी वह उसकी सहशिक्षिका मैरी समझा देती थी। वह मृदुभाषी पर बहुत स्पष्ट बोलने वाली थी। उसका विश्वास था कि जीवन में छोटी-छोटी बाते तथा कार्य बहुत महत्त्वपूर्ण होते हैं। हर व्यक्ति को अपने मन को वर्तमान क्रियाओं में केन्द्रित रखना चाहिए। एक रात की बात है कि कार्नेगी ने मैरी से कहा 'मेरे सिर में बहुत दर्द हो रहा है। क्या आपके पास कोई दवा है या इंस्टीट्यूट की डिस्पेन्सरी को फोन करूँ?'

'मैं आपका सिर दर्द अभी ठीक करती हूँ। आप फिलहाल आँखें बन्द कर रिलेक्स करें और कोई मनपसन्द संगीत सुने।'

कार्नेगी ने अपनी सहशिक्षिका के आदेश का पालन किया। कुछ मिनटों बाद मैरी उसकी बगल में बैठती हुई बोली 'लाओ! मैं तुम्हारा सिर दबा दूँ।'

उसने कार्नेगी के उत्तर की प्रतीक्षा नहीं की और उसके सिर को उठाकर अपनी गोद में रख लिया। 'ओह! थैक्यू वेरी मच! आई लाइक इट!' (धन्यवाद बहुत-बहुत! मुझे अच्छा लगा।)

'अब आप मेरी अँगुलियों के स्पर्श को अपने सिर तथा शरीर पर अनुभव करें।

उन दोनों को एक-दूसरे के अंगों का स्पर्श सुखद लग रहा था। मैरी ने कहा, 'कभी तुमने प्यार किया है?'

'मेरी मित्र तो कई रहीं थोड़ा बहुत किस और इम्ब्रेस (आलिंगन) भी हुआ पर इससे ज्यादा नहीं।'

कार्नेगी को मैरी के उभरे गदराये उरोजों का स्पर्श एक नया सुख दे रहा था। मैरी उसके सीने पर झुकी जा रही थी। 'आई लव यू माई डार्लिंग!' मैरी ने धीमे से कहा, 'आई टू!' मैरी ने अपने उरोजो (Breast) को उसके हाथों के हवाले करते हुए कहा।

कार्नेगी ने अधुखुली मस्त आँखों से मैरी को देखा और उसके कपोलों पर चुम्बन जड़ दिया। मैरी ने भी चुम्बन का उत्तर चुम्बन से देकर उसकी कामोत्तेजना को और बढ़ा दिया।

मैरी ने अपने सिर को कार्नेगी के वक्ष पर इस तरह रखा जिससे उसके उरोजों से कार्नेगी का हाथ सरलता से खेलता रह सके। कुछ देर तक कार्नेगी उसके उरोजों को गाउन के ऊपर से ही सहलाता-दबाता रहा।

मैरी ने एक हाथ से कार्नेगी की जंघाओं को सहलाना शुरू कर दिया। उसके हाथ का स्पर्श पाकर कार्नेगी का ज्वॉय रॉड (Joyrod) लिंग उत्तेजना से खड़ा होने लगा।

'एक सेकेण्ड रुको। पहले अपने वस्त्रों से मुक्त हो जायें।' कार्नेगी कामोत्तेजना से पूर्ण स्वर में बोला और दोनों ने अपने-अपने गाउन उतारकर एक ओर रख दिये। दोनों एक दूसरे के सुगठित और सुन्दर शरीरों को अपलक प्रशंसा भरी दृष्टि से देख रहे थे। कार्नेगी बोला, 'आप तो सौन्दर्य की खान हैं, इतनी सेक्सी और आकर्षक!'

वास्तव में मैरी का एक-एक अंग सौन्दर्य में ढ़ला हुआ था। गददन तक कटे सुनहरे बालों के बीच चाँद-सा उजियाला आलोक बिखेरता चेहरा। नीली

झील-सी गहरी आँखों और गुलाबी कपोल। भवें बिलकुल कमान-सी तनी और पलकों की लम्बी बरौनिया। सुतवाँ नाक और रक्ताभ होंठ जिन्हें देखते ही लगता जैसे सन्तरे की दो फाँके हों और उनका रस पान करने के लिए देवताओं का मन भी ललचा जाये। गोरी सुडौल ग्रीवा पर पड़ी सफेद मोतियों की माला जो उसके स्तनों (उरोज/वक्ष) के उभरती हुई मांसल गोलाइयों को स्पर्श कर रही थी। उसके उरोजों को देखकर लगता मानों दो कठोर मांसल छोटे-छोटे खरबूजे हों और उनके मध्य उभरी हुई रक्ताभ में चूचक (Niples) जिसके चारों ओर का घेरा मानों देखने वाले के हृदय को ही घेर लें। पलती कमर, बहुत हल्के से उभरे हुए पेट के मध्य गहरी नाभि। सुगठित चिकनी जंघायें और पिण्डलियाँ। दोनों जंघाओं के मध्य स्थिति हल्की पीताभ और काली आभा युक्त भग। उभरे सुगठित नितम्ब (Buttocks)। कार्नेगी को लगा जैसे सौन्दर्य की देवी ने अपनी मोहनी से उसके मनोमस्तिष्क को ही नहीं हृदय को भी बन्दी बना लिया हो। गहरी साँस लेकर बोला, 'ओह! तुम तो सोन्दर्य की देवी हो!'

'और तुम हर्क्यूलिस से सुन्दर तथा शक्तिवान!' मैरी मुस्करा कर बोली। वे एक दूसरे के शरीरों से प्रेमपूर्वक खेलने लगे। कार्नेगी ने मैरी के मस्तक से लेकर उसकी जंघाओं के मध्य भाग तक चुम्बनों की झड़ी लगा दी। मैरी भी कम नहीं थी। वह उसके हर चुम्बन का उत्तर नये से नये प्रकार के चुम्बनों से दे रही थी। कार्नेगी का ज्यॉव रॉड तन कर पूरी तरह तैयार हो गया था। मैरी उसे धीमे से सहलाते हुए बोली, 'जरा मुझे भी तैयार हो जाने दो।'

'इस काम वेग को कैसे वश में करूँ?' कार्नेगी ने परेशानी अनुभव करते हुए पूछा।

मैरी ने मुस्कराते हुए कही, 'पूरी साँस बाहर निकालो, कुछ सेकेण्डस बिना साँस के रहो। यही तो तुम्हें योगा-क्लास में सिखाया गया था।'

कार्नेगी ने सीखी साधना को दोहराया। सचमुच में दो-तीन बार इस क्रिया को करने से उसकी ज्वॉय रॉड (लिंग) काफी शान्त हो गया। मैरी पीठ के बल लेटते हुए बोली, 'यह देवी तुम्हारे प्यार को पाने के लिए प्यासी है।' उसने फिर एक जोर की अँगड़ाई ली। उसका सुन्दर तन एक क्षण के लिए धनुष की तरह तन गया। कार्नेगी ने उसके एक वक्ष को मुँह में ले लिया और दूसरे को हाथों से मसलना शुरू कर दिया।

मैरी ने उसका एक हाथ कोमलता से पकड़ा और उसे अपनी जंघाओं के मध्य रखते हुए बोली, 'डार्लिंग! मेरी रतिगुहा के भी दर्शन कर लो जो कुछ शरीर शास्त्र के क्लासिज में पढ़ा और वीडियो में देखा है, उसे जीवन्त रूप में जानों। उस पवित्र रति मन्दिर को साक्षात देख लो, जिससे एक शुभ दिन हम नवजात शिशु रूप में इस संसार में आये थे।'

मैरी की वाणी में अचानक आयी गुरु गम्भीरता से कार्नेगी कुछ चौंक पड़ा फिर भी उसने उठकर अपनी अँगुलियों से उसकी अत्यन्त गोरी जंघाओं के मध्य स्थित किसी फूल की बड़ी-सी कली जैसे भगोष्ठों को धीर से खोला। मैरी ने अपने गुप्तांगों के कोमल बालों को पूरी तरह साफ कर रखा था और उसका उभरा हुआ मांसल त्रिकोण तथा उसके मध्य स्थित भगोष्ठ इतने सम्मोहक और पवित्र लग रहे थे कि कुछ क्षणों के लिए वह मन्त्रमुग्ध सा हो गया। एक गहरी साँस लेते हुए उसने बड़े भगोष्ठों के नीचे स्थित लघु भगोष्ठों को खोला। ऊपर स्थित मूत्र छिद्र के नीचे योनि का स्थान स्पष्ट दिख रहा था उसने सोचा परमात्मा की प्रकृति माता का कितना महान् रहस्य छिपा है इस परमपावन जीवनदायी योनि गुहा में।

उसे अपनी स्वर्गीय पुज्य माँ का ध्यान आ गया। एक दिन वह भी ऐसी ही अपनी मातृयोनि से एक शिशु रूप में धीरे-धीरे रोते हुए इस धरती पर आया होगा। कैसी माया है यह परमात्मा की। स्त्री-पुरुष के तन-मन का मिलन फिर उससे एक नये जीवधारी व्यक्ति का निर्माण होता है।

उसका मस्तक एक अपूर्व श्रद्धा से भर गया और उसने मैरी के रतिमन्दिर पर अपना माथा झुका दिया, फिर उसने सिर उठाकर मुस्कराते हुए मैरी से कहा, प्रिय मैरी! तुम भी मेरे उस काम दण्ड (शिश्न) को प्रणाम कर लो जिसकी अमृतधारा में जीवनदायी शुक्राणुओं का तेज छिपा होता है। जिसके बिना सृजन नहीं हो सकता। मैरी ने हँसते हुए कहा, 'जवाब देना तो कोई तुमसे सीखे।'मैं तुम्हारे काम दण्ड के ओज के सम्मुख श्रद्धा से सिर झुकाती हूँ।'

तभी हल्की-सी मोबाइल के बजने जैसी ध्वनि सुनायी देने लगी। मैरी ने प्यार से कार्नेगी के सिर को ऊपर उठाया और उस पर चुम्बन अंकित करते हुए बोली, आज रात का प्रैक्टीकल लेसन खत्म हुआ। जाकर बाथरूम में स्नान करो और फिर दस मिनट प्राणायाम! तुम सन्तुलित हो जाओगे। अच्छा, शुभ रात्रि!

आश्चर्यचकित कार्नेगी धीमे बोला, 'शुभ रात्रि! थैंक्स! स्वीट ड्रीम्स! माई स्वीट टीचर!'

गहरी और मीठी नींद के बाद कार्नेगी सुबह उठा। उसे अपने मन मतें एक नयी खुशी और आत्मविश्वास अनुभव हो रहा था । तभी उसकी सेविका कॉफी और प्लेट में एक लिफाफा लेकर आयी।

उसने कॉफी पीते हुए लिफाफा खोला। लिखा था- बधाई! तुम पहली प्रणय परीक्षा में A-1 रहे। अतः तुम्हारी सहशिक्षिका को बदला जा रहा है ताकि तुम्हारे मन में कोई मोह (Attachment) पैदा न हो। उसके स्थान पर नयी शिक्षिका मिस स्वीटी होंगी। नीचे प्रधानाचार्य के हस्ताक्षर थे।

६

सेक्साइटिंग (Sexiting)

आधुनिक युवाओं को मोबाइल, इण्टरनेट (Internet) कामोत्तेजक सीडी या फिल्मों द्वारा एक दूसरे की कामवासना को उत्तेजित करने के पर्याप्त साधन उपलब्ध हैं। इसके अतिरिक्त कम्प्यूटर (Computer), टी वी (TV) समाचारपत्रों, पत्रिकाओं, नगर के प्रमुख स्थानों आदि पर ऐसे कामोत्तेजक सचित्र विज्ञापन देखन को मिलते हैं जिनसे किशोर-किशोरियों में कामवासना सम्बन्धी भावनाएँ भड़क सकती है।

यहीं नही वरन् युवकों-युवतियों में ऐसी संगीत, नृत्य तथा मनोरंजन पार्टियाँ आयोजित करना एक सामान्य बात होती जा रही है जहाँ शराब और शवाब का ही मजा नहीं लिया जाता वरन् ऐसी तेज नशीली गोलियों का भी खुलकर प्रयोग होता है जिनका उपयोग करने के बाद व्यक्ति को अपने तन-मन का भी होश नहीं रहता। इस अवसर का लाभ उठाकर अन्य व्यक्ति युवकों-युवतियों का यौन शोषण करते हैं।

नशे की गोलियाँ जैस स्मैक, एसीटेसी आदि इतनी घातक व हानिकारक होती हैं कि केवल एक बार इनका सेवन करने के बाद आदमी इनका गुलाम बन जाता है। इस कटु सत्य का सदैव याद रखें कि तम्बाकू, गुटका, एक या दो पैग से अधिक शराब, अफीम, भांग, गांजा, चरस, नशे की गोलियाँ आदि का अधिक उपयोग आपको नपुंसक तक बना सकता है। सेक्स शक्ति ही नही शून्य होती वरन् शारीरिक व मानसिक स्वास्थ्य भी गड़बड़ा जाता है। अतः इन भयानक नशों से दूर रह कर ही आप जीवन तथा सेक्स का भरपूर मजा ले सकते है। इसके लिए थोड़ा बहुत व्यायाम, योग, ध्यान आदि अवश्य करें क्योंकि इनका अभ्यास करने से अपूर्व आनन्द, स्वास्थ्य और उत्साह मिलता है। इसके विपरीत नशे करने की आदत पालना मौत को असमय निमन्त्रण देना है और वह भी भीषण कष्टों के साथ। यदि आपकी किसी से शत्रुता है तो उसे

एक माह अपनी ओर से फ्री नशा कराइए। इसके बाद वह खुद अपनी कब्र खोदने में लग जायेगा। परन्तु भगवान के लिए ऐसा नहीं करें। दूसरों के साथ ही नहीं वरन् अपने साथ भी।

उपर्युक्त कारणों से भी यह भी आवश्यक हो गया है कि माता-पिता अपने बच्चों को सेक्स सम्बन्धी शिक्षा दें तथा उन्हें नशों आदि की भयानक हानियों से परिचित करा दें। आज के युग में माता-पिता तथा सन्तान के बीच एक विश्वसनीय तथा परमप्रिय मित्र जैसा सम्बन्ध बनना जरूरी है ताकि सन्तान अपनी सेक्स सम्बन्धी समस्याएँ, गर्ल या ब्याय फ्रेन्डस तथा अपनी संगत के बारे में खुलकर बात कर सके। इससे माता-पिता उन्हें हानिकारक बुरी संगत तथा भयानक आदतों के जाल में पड़ने से बचा सकेंगें।

सेक्स एक ऐसी आनन्ददायक शक्ति है जो सही दिशा मिलने पर चमत्कार कर सकती है, वहीं गलत राह पर जाने से व्यक्ति तथा परविार दोनों का सर्वनाश कर देती है।

आज विज्ञान ने हमें कम्प्यूटर, इण्टरनेट, मोबाइल फोन आदि जो भी साधन दिये हैं उनका सदुपयोग और दुरुपयोग करना हमारे हाथ में हैं। अतः जहाँ सेक्साइटिंग का उपयोग जीवनसाथी का चुनाव होने के बाद एक-दूसरे से दूर रहने पर लाभदायक होता है वहीं नवयुवकों व नवयुवतियों के लिए हानिकारक हो सकता है। यह ऐसा ही है जैसे विवाह के बाद अगर आप जीवनसाथी के साथ इण्टरनेट पर पॉर्न (Porn) खुले रूप में तरह-तरह की मुद्राओं और स्थितियों में सम्भोग के दृश्य दिखलाने वाली फिल्में, सी.डी आदि फिल्म देखते हैं तो अगर पति या पत्नी का मूड मैथुन करने का नहीं होता है तो भी बन जाता है। लेकिन यही एक अकेला युवक या युवती देखें तो वह अपनी भड़की हुई कामवासना के कारण हस्तमैथुन करने अथवा वेश्या आदि के पास जाने के लिए विवश हो जायेगा। यह नियम याद रखें 'अगर अपने पास भोजन नहीं है तो भूख बढ़ाने वाली दवा खाना मूर्खता होगी।'

सेक्साइटिंग के अन्तर्गत मोबाइल या इण्टरनेट की ईमेल के द्वारा युवक-युवती कामुकता से भी बातें करते, सन्देश भेजते या एक दूसरे में कामोत्तेजना पैदा करने वाले फोटोग्राफ्स या वीडियो फिल्मस भेजते हैं। उदाहरण के लिए दो अनजान व्यक्तियों के डायलॉग्स या मैसेज ऐसे हो सकते हैं -

युवती- आपको मेरी फोटो कैसी लगी?

युवक- वन्डरफुल! आई एडोर यू! (मैं आपकी उपासना करता हूँ)।

युवती- थैंक्स मैं भी आप पर जान देती हूँ।

युवक- काश! मैं आपका सच्चा सौन्दर्य देख सकता यानि न्यूड!

युवती- उसे मैं भेज रही हूँ।

युवक- ओह गॉड! आप तो बेहद खूबसूरत है। स्क्रीन पर लड़की की न्यूड फोटो देखकर आइ वॉन्ट टु किस यू!

युवती- आइ टू! कॉन्ट वी मेक लव!

युवक- श्योर! आय अम टचिंग योर ब्युटिफुल ब्रेस्टस!

युवती- मैं आपके सीने पर हाथ फेर रही हूँ। हाय! आप कितने ताकतवर लगते है।

युवक- मैं आपके निपल्स को चूस रहा हूँ।

युवती- मैं आपके होठों का चुम्बन ले रही हूँ। मुझे मजा आ रहा है।

इसी प्रकार के मैसेजेस या बातचीत चलती रहती है और अन्त में एक मानसिक सम्भोग में होता है। मजे की बात यह है कि जरूरी नहीं कि मोबाइल फोन अथवा ईमेल पर जो अपने को युवक या युवती बता रहा है वह वैसा ही हो। एक युवक अपने को युवती बता सकता है और युवती अपने का युवक। भेजे गये फोटोग्राफ्स या वीडियो फिल्में भी किसी दूसरे की हो सकती है।

इण्टरनेट पर ऐसे सेक्स गेम्स भी खेलने को मिल जाते हैं जिनमें आप युवक या युवतियों के चित्रों के साथ बटन दबाकर या निर्देश देकर काम क्रीड़ाएँ कर सकते है। इसे वर्चुअल (Vertual) सेक्स भी कहा जाता है, जहाँ सच नहीं वरन् उसकी छाया है, एक मृगमरीचिका जिसमें दिखायी देती नदी की लहरों में पानी नहीं रेत ही रेत है।

आप जितना चाहें उतना अपनी कामोत्तेजना को बढ़ा सकते हैं और उससे होने वाली हानियों का शिकार बन सकते हैं। पैसा पाने की प्यास को बुझाने के लिए लोग मित्र क्लब (Friendsship clubs), मालिश क्लब आदि के रूप में मोबाइल फोंस आदि पर भी उपलब्ध हैं। बस, उन्हें सिर्फ पैसा चाहिए।

सेक्स के खिलौने (Sex Toys)

भारत में सेक्स खिलौने नहीं मिलते। विदेशों में सरलता से उपलब्ध हो जाते हैं। ये प्लास्टिक, रबर, रबरफोम आदि से बनते हैं। इनमें लिंग या योनि से युक्त खिलौने

भी होते हैं जिनमें इलेक्ट्रॉनिक विधि से ऐसी व्यवस्था होती है कि वे ग्राहक अथवा ग्राहिका की यौन इच्छा को तृप्त कर सकते हैं। इनको लगे बटनों द्वारा इन सेक्स खिलौनों की स्पीड को भी नियन्त्रित किया जा सकता है। ये ड्राई बैट्री या विद्युत ऊर्जा द्वारा चलाये जाते हैं। पूरे सामान्य आकार के बने ऐसे खिलौनें जो स्त्री या पुरुष रूप में होते हैं वे भी बाजार में उपलब्ध होते हैं। इनमें से उच्च क्वालिटी के खिलौने में ऐसी व्यवस्था होती है कि उनको दबाने पर कामोत्तेजक वाक्य, शब्द, स्वर या संगीत बजने लगता है। परन्तु ये सभी खिलौने व्यक्ति को वह सुख नहीं दे सकते जो प्राकृतिक काम क्रियाओं में मिलता है।

सामान्य परिस्थितियों में जहाँ तक सम्भव हो सेक्साइटिंग के इन कृत्रिम साधनों से बचना ही बेहतर है। अप्राकृतिक विधियों के उपयोग द्वारा स्वास्थ्य व जीवन को सदैव खतरा बना रहता है।

वेश्यागमन (Wench)

आज के पूँजीवादी युग में अधिकांश लोग अपना तन-मन, बुद्धि, आत्मा सभी कुछ अधिक से अधिक धन प्राप्त करने के लिए देने को तत्पर हैं। वास्तविकता यह है कि हम सभी अपना शारीरिक या मानसिक परिश्रम, सेवा, वस्तु आदि बेच कर ही धन कमाते हैं। इस दृष्टिकोण से एक वेश्या दूसरों की सेक्स सन्तुष्टि कर अपनी फीस लेती है। अतः इसे पूँजीवादी नीति तथा व्यक्तिगत स्वतन्त्रता के अनुसार अनैतिक नहीं माना जा सकता। जब बड़े-बड़े सत्ताधारी देश की जनता के साथ विश्वासघात कर तथा भ्रष्टाचार में लिप्त हो देश की दुर्दशा करने के बाद भी ऐंठ कर चलते हैं तब यदि सेक्स के व्यापारी ईमानदारी से ग्राहक को

सन्तोष देकर धन कमाते हैं तो उन्हें अनैतिक या बुरा नहीं कहा जा सकता। परन्तु सरकार के द्वारा उनके जीवन तथा व्यवसाय की उचित व्यवस्था होना, स्वास्थ्य की नियमित जाँच होना तथा जो वेश्याएँ किसी दूसरे स्वस्थ व्यवसाय में जाना चाहती हैं, उनकी सहायता करना तथा उनके बच्चों की शिक्षा एवं उचित लालन-पालन का प्रबन्ध होना अतिआवश्यक है।

आपका स्वास्थ्य आपकी जिम्मवारी है। अतः उस पर पूरा ध्यान दीजिए। किसी वेश्या को कोई रोग है या नहीं? इसका कोई सही उत्तर नहीं दे सकता। बेहतर है कि ऐसे कार्यों को नहीं करे कि आपको लेने के देने पड़ जाये। वेश्याएँ अपने ग्राहकों की काम सम्बन्धी माँगों को पूरा करने के लिए मजबूर होती हैं। अतः उन्हें एक सामान्य स्त्री की तुलना में अधिक रोग होने की सम्भावना रहती है। बुद्धिमानी इसी में है कि हम वेश्यागमन तथा अप्राकृतिक सम्भोग से जहाँ तक हो सके दूर रहें। यदि ऐसा करना ही पड़ जाये, कण्डोम का उपयोग करना नहीं भूलें। इसके अतिरिक्त दूसरे व्यक्ति के मूँह की लार व थूक से बचें। इनके शरीर में जाने पर भी रोग लग जाते हैं। महिलाएँ भी गर्भनिरोध के उपकरणों को अपनायें तथा अपने स्वास्थ्य का ध्यान रखें।

यौन रोग (Sexual Disease)

सिफलिस, गिनोरिया, एड्स आदि से बचने के लिए निम्नलिखित बातों का ध्यान रखना आवश्यक है-

- विदेशियों, अप्रवासी भारतीयों व वेश्याओं से यौन सम्बन्ध नहीं बनायें।
- जितने अधिक लोगों से सम्भोग किया जायेगा, उतना ही अधिक एड्स का खतरा अधिक रहेगा।
- जो व्यक्ति नस द्वारा नशीली दवाओं का सेवन करता हो उससे यौन सम्बन्ध नहीं बनायें।
- रक्त चढ़वाने से पहले जाँच करवा लें कि खून किसी एच.आई.वी. या एड्स रोगी का तो नहीं।
- समलैंगिक सम्बन्ध नहीं बनाये।
- जिस व्यक्ति के मुँह या होंठ पर घाव हो उससे यौन सम्बन्ध नहीं करें।
- होमोफीलिया जैसे रोग के कारण जो लोग खून से बनी दवायें या इंजेक्शन लेते हैं, उनसे यौन सम्बन्ध नहीं बनायें।

☛ इंजेक्शन लगवाने के लिए हमेशा नयी सूई (needle) का प्रयोग करें।

'वेश्यासो मदन ज्वाला
रूपेन्धन समेधिता।
कामिमिर्न्यत्र ट्यन्ते
यौवनानि धनानि च।
वेश्या सौन्दर्य रूपी ईधन की
जलती हुई प्रचण्ड काम अग्नि है।
कामी पुरुष अपनी जवानी तथा
धन–सम्पत्ति को इस काम
ज्वाला में राख कर देते हैं।

–भर्तृहरि शतक से

व्यक्ति में कामवासना होना या सेक्स के प्रति आकर्षण होना प्राकृतिक है। परन्तु आधुनिक सभ्यता तथा संस्कृति ऐसी बनती जा रही है, जो व्यक्ति की कामवासना को अधिकाधिक उत्तेजिक करती है। आवश्यकता से अधिक कामचिन्तन या सेक्स में संलिप्त होना रोगों का कारण बन जाता है। अत: इसमें सन्तुलन रखें।

"और भी गम हैं जमाने में
तेरी मोहब्बत के सिवा"

सुप्रसिद्ध शायर मिर्जा गालिब की इस पंक्ति को याद रखना लाभदायक सिद्ध होता है।

कृत्रिम वैज्ञानिक विधि से गर्भाधान तथा शिशु जन्म टेस्ट ट्यूब बच्चे (Test tube babies) किराये की कोख और शुक्राणु व डिम्ब बैंकस

आज के वैज्ञानिक युग में जब मानव चन्द्रमा पर मानव बस्तियाँ बनाने की योजना बना रहा है, बच्चों को जन्म देने सम्बन्धी विषय में भी अनेक नवीन प्रयोग सफलता के साथ किये जा रहे हैं। यह विषय अत्यन्त सूक्ष्म और पेचींदा है। हम इसे यहाँ ऐसी भाषा तथा शैली में प्रस्तुत कर रहे हैं ताकि सामान्य ज्ञान रखने वाला प्रत्येक व्यक्ति उसे समझ सकें।

सर्वप्रथम यह जान लीजिए कि आज ब्लड बैंक्स की तरह शुक्राणु बैंक (Speram Banks) या वीर्य बैंक (Semen Bank) तथा डिम्ब बैंक (Ova Bank)

होते हैं। इनमें युवा लोग अपने वीर्य, डिम्ब को दान दे सकते हैं या बेच सकते है। सुप्रसिद्ध व्यक्तियों जैसे लेखकों, चित्रकारों, खिलाड़ियों, वैज्ञानिकों, अभिनेता, अभिनेत्रियों या राजनीतिज्ञों आदि स्त्री-पुरुषों के डिम्ब या वीर्य को खरीदने के लिए ऐसे बैंक ऊँची कीमत अदा करते हैं। इन्हें बहुत सावधानी के साथ आवश्यक वैज्ञानिक नियमों का पालन करते हुए इस प्रकार रखा जाता है कि उनकी जीवनशक्ति ताजा बनी रह सके। इन्हें भिन्न-भिन्न ग्लास टयूब्स में दान देने वाले स्त्री या पुरुष के पूरे विवरण के साथ जैसे- व्यक्ति का नाम (इसे प्रायः गुप्त रखा जाता है) आयु, ब्लड ग्रुप, वजन, ऊँचाई, विशिष्टता (अर्थात् वह किस क्षेत्र में कुशल या प्रसिद्ध है) रोग, रुचियाँ, शिक्षा आदि के साथ नम्बर लगाकर एक रजिस्टर में नोट रखा जाता है।

अब मान लीजिए कि कोई ऐसी युवती है जो चाहती है कि वह एक ऐसा शिशु उत्पन्न करे जो चाणक्य जैसा विद्वान और राजनीतिज्ञ हो, तो वह इस बैंक से इसी प्रकार के किसी पुरुष का वीर्य लेकर इस विधा के विशेषज्ञ डॉक्टर द्वारा उसे अपनी योनि में डलवा कर अपने डिम्ब को सगर्भित करा सकती है। इसके फलस्वरूप वह गर्भवती हो जाती है और ऐसे शिशु का बनने का गौरव प्राप्त कर सकती है जिसमें एक कुशल राजनीतिज्ञ नेता के जीन्स हैं।

इस विधि के द्वारा वे नारियाँ भी गर्भ धारण कर सकती हैं जिनके पति के वीर्य के शुक्राणु कमजोर हैं जिनके पति के वीर्य के शुक्राणु कमजोर हैं या आवश्यक संख्या से बहुत कम हैं।

अगस्त 2012 को समाचार पत्र में एक ऐसी घटना छपी थी जिसमें एक पत्नी ने पति की दुर्घटनावश मृत्यु हो जाने के बाद उसके शुक्राणुओं को अस्पताल में सुरक्षित करवा लिया था ताकि वह भविष्य में उन शुक्राणुओं को अपने गर्भाशय में डलवा कर नव शिशु को जन्म दे सके। ऐसा अनेक स्त्रियाँ कर चुकी है।

ऐसी स्त्रियाँ जिनके गर्भाशय में कोई रोग है जिससे वे पति के वीर्य में निहित शुक्राणुओं के द्वारा अपने डिम्ब को सगर्भित तो करवा सकती हैं परन्तु उसको शिशु रूप में विकसित नहीं कर सकती। ऐसी परिस्थिति में उनके सगर्भित डिम्ब को शिशु रूप में विकसित करने के लिए किसी स्वस्थ महिला का गर्भाशय (कोख) किराये पर ले लिया जाता हैं ऐसी स्वस्थ महिला स्वेच्छा से बिना कोई धनराशि लिए भी अपनी सेवाएँ दे सकती है।

ऐसे किसी बैंक से सिकी मनोवांछित प्रकार की महिला का डिम्ब लेकर

उसे प्रयोगशाला में पुरुष के शुक्राणु द्वारा सगर्भित करवा कर भी उसको किसी महिला के गर्भ में स्थापित किया जा सकता है।

यहाँ हमने इस विषय को अत्यन्त संक्षेप में पाठकों की जानकारी के लिए पेश किया है। वास्तव में यह पेंचीदा और विस्तृत वैज्ञानिक प्रक्रियाएँ हैं। इनके जहाँ अनेक लाभ हैं वहीं कुछ हानियाँ भी है, ये शारीरिक, मानसिक तथा सामाजिक स्थितियों को प्रभावित करती है। सबसे महत्त्वपूर्ण बात यह है कि ऐसी वैज्ञानिक सुविधाओं का वही लोग लाभ उठा सकते हैं जिनके पास पर्याप्त धन है।

8

स्त्री-पुरुष का वर्गीकरण

भारत के प्राचीन काम शास्त्रियों ने स्त्री-पुरुषों को वर्गीकरण उनके शारीरिक आकार-प्रकार, गुण, लिंग-योनि की लम्बाई और मानसिक विशेषताओं के आधार पर किया था। यह वर्गीकरण निम्नलिखित है-

स्त्रियों का वर्गीकरण - 1. पदमिनी 2. चित्रणी 3. शंखिनी 4. हस्तिनी।

पुरुषों का वर्गीकरण - 1. शशक 2. मृग 3. वृशभ 4. अश्व। इसमें लिंग और योनि की लम्बाई के अनुसार बनने वाले आदर्श जोड़े इस प्रकार है- शशक के साथ पदमिनी, मृग के साथ चित्रणी, वृशभ के साथ शंखिनी और अश्व के साथ हस्तिनी।

काम शास्त्रों में इनके स्वभाव, कामशक्ति, प्रिय प्रणयक्रीड़ाओं, सम्भोग में लगने वाले समय आदि का भी विस्तार से वर्णन किया है। परन्तु ये सब लगभग डेढ हजार वर्षों से भी पहले लिखा गया था अतः इसको वर्तमान काल में लागू करना गलत सिद्ध होगा क्योंकि मनुष्य का आकार-प्रकार, स्वभाव, आदतें आदि सब कुछ बहुत परिवर्तित हो चुका है। उदाहरण के लिए 'पदमिनी' स्त्री को बहुत सुन्दर तथा अच्छे स्वभाव का माना गया है परन्तु आज यह कटु सत्य सभी जानते हैं कि किसी स्त्री के अधिक सुन्दर होने का यह अर्थ नहीं है कि उसका स्वभाव भी अच्छा होगा। वह क्रोधी अहंकारी और आलसी हो सकती है ओर वेवफा भी। इसके विपरीत साधारण सुन्दर स्त्री का स्वभाव 'पदमिनी' से बेहतर हो सकता है। अतः इस बारे में विस्तार से जाना तर्कसंगत नहीं।

व्यावहारिक (Practical) बात यह कि वर-वधू की लम्बाई, मोटाई, शिक्षा, संस्कार, जीवन स्तर, रुचियाँ आदि ऐसी होनी चाहिए कि वे एक सन्तोषजनक काम सम्बन्ध बनाकर उसका आनन्द ले सके, सन्तान को जन्म

दे सकें तथा परिवार को एक साथ लेकर जीवन यात्रा सुखद बनायें। प्रायः यह देखा गया है विवाह के समय माता-पिता इस बात का ध्यान रखते हैं कि भावी वर-वधू की लम्बाई, मोटाई आदि ऐसी हो जिससे उनका जोड़ा ठीक लगे। वधू की लम्बाई अधिकतर वर से एकाध इंच काम या बराबर की देखी जाती है, वधू की लम्बाई या ऊँचाई (Height) वर से अधिक होना अच्छा नहीं लगता।

यह एक सर्वविदित तथ्य है कि योनि में अत्यधिक लचीलापन होता है जिससे वह अपने आकार से बड़े लिंग को भी अपने अन्दर सहन कर सकती है। इसके अतिरिक्त सम्भोग के कुछ आसन ऐसे हैं जिनमें बड़े लिंग को भी योनि अपने में सहजता से ग्रहण कर लेती है।

भावी वधू की आयु वर से कम से कम चार-पाँच वर्ष छोटा होना उनके सुखद जीवन के लिए वैज्ञानिक दृष्टि से उचित रहता है। इसका कारण यह है कि स्त्री का मासिक धर्म तथा कामशक्ति औसतन 45 साल की आयु से लेकर 50-51 वर्ष के दौरान प्रायः समाप्त हो जाती है। अतः यदि पत्नी की आयु कम और पति की कुछ अधिक होगी तो दोनों अधिक उम्र तक कामसुख की प्राप्ति कर सकते हैं।

इसके अतिरिक्त पति की कुछ अधिक आयु उसे पत्नी तथा परिवार के प्रति अधिक जिम्मेवारी महसूस करने की भावना देगी। यह भी समझा जाता है कि कुछ अधिक आयु का पति सम्भोग की दृष्टि से भी उचित रहता है। भारतीय परिवार का मुखिया पुरुष माना जाता है, इसलिए उसकी आयु पत्नी से कुछ अधिक होना उचित है। इन सब तथ्यों के बावजूद भी दो व्यक्तियों में अत्यधिक प्रेम होने पर उनके विवाह में आयु को लेकर कोई बाधा डालना उचित नहीं।

प्राचीन भारतीय काम शास्त्रों में भिन्न-भिन्न प्रकार के स्त्री-पुरुषों की योनि तथा लिंग की अनुमानित माप भी बतायी है जो सेंटीमीटर के अनुसार निम्नलिखित है-

स्त्री-पुरुष के आदर्श जोड़े

स्त्री-योनि की गहराई	पुरुष लिंग की लम्बाई
पदमिनी 10 से 12 से.मी.	शशक 10 से 12 से.मी

चित्रणी 12 से 14 से.मी   मृग 12 से 14 से.मी
शंखनी 14 से 18 से.मी.   वृषभ 14 से 18 से.मी
हस्तिनी 20 से 22 से.मी.   अश्व 20 से 22 से.मी.

सम्भोग के समय स्त्री की योनि की गहराई कम होने तथा पुरुष के लिंग की लम्बाई अधिक होने अथवा इसके विपरीत होने पर सहवास के प्रथम महीने में कुछ कठिनाई आ सकती है। इसको सम्भोग आसन से बदल कर हल किया जा सकता है। इसका विवरण हम सम्भोगासनों के परिच्छेद में करेंगे ।

८

सम्भोग कितनी बार?

सम्भोग कितनी बार करें जिससे कोई हानि नहीं हों? यह एक ऐसा प्रश्न हैं जो हर उम्र के दम्पत्तियों द्वारा पूछा जाता है। इस विषय में भिन्न-भिन्न विशेषज्ञों के उत्तर अलग-अलग हो सकते हैं। प्रन्तु यह प्रश्न इतना व्यक्तिगत है कि इसका पूरी तरह सही उत्तर स्वयं दम्पत्ति द्वारा अपनी शक्ति अनुसार खोजना होगा।

इस प्रश्न का सही उत्तर पाने के लिए पति-पत्नी को निम्नलिखित तथ्यों पर ध्यान देना आवश्यक है। आप स्वयं ही इनके आधार पर इस प्रश्न का उत्तर निश्चित करें।

पति तथा पत्नी की आयु।

विवाह हुए कितने दिन, माह या वर्ष बीते।

पति का स्वास्थ्य तथा कामशक्ति एवं जीवनशैली (Life style)।

पत्नी का स्वास्थ्य तथा कामशक्ति।

आयु के साथ स्त्री-पुरुष दोनों की सम्भोग करने की इच्छा और जरूरत कम होती जाती है। विवाह के प्रारम्भिक 6 माह के दौरान औसत दम्पत्ति एक दिन में 2 से 3 बार तक सम्भोग करते पाये गये है। ज्यादातर 6 माह के बाद एक माह में 20-25 बार का औसत पाया जाता है। एक वर्ष से 7 वर्ष के वैवाहिक जीवन में यह सप्ताह में एक या दो बार तक रह जाता है। इसके पश्चात् जैसे-जैसे बच्चे युवा होते जाते हैं तथा आर्थिक दायित्व बढ़ते जाते है, यह माह में एक बार तक नीचे आ जाता है। इस सम्बन्ध में कोई निश्चित नियम नहीं है। पारिवारिक तथा सामाजिक समस्याओं के साथ आर्थिक समस्याएँ और रोगों का आक्रमण सेक्स तृप्ति पाने की इच्छा शक्ति को घटाता जाता है। शरीर में सेक्स हार्मोंस का बनना भी बढ़ती आयु के

साथ कम होता चला जाता है। एक सीमा यह आती है कि स्त्री या पुरुष की कामेच्छा पूरी तरह समाप्त हो जाती है। पुरुषों में यह स्थिति प्राय: 65 वर्ष की आयु में आ जाती है। परन्तु स्वस्थ जीवन शैली, व्यायाम, योगसाधना आदि करने वाले ऐसे पुरुष भी पाये जाते हैं जो 90 वर्ष का होने के बाद भी सन्तान उत्पन्न करते हैं। उदाहरण के लिए हरियाणा के (सोनीपत जिले के) खरकोदा रामजित राघव ने 94 वर्ष की आयु में अपनी (लगभग 45-46 वर्षीय) दूसरी पत्नी से प्रथम पुत्र प्राप्त किया था। उनका नाम गिनीज बुक ऑफ रिकार्डस् (Guinness Book of Records) में दर्ज किया गया। इससे पूर्व राजस्थान के नानू राम जोगी ने (सन् 2007) में 90 वर्ष की आयु में अपनी तीसरी पत्नी से अपना 22वाँ बच्चा पैदा किया था। दोनो ही उदाहरणों में जच्चा और बच्चा स्वस्थ रहे।

नानू राम जोगी और रामजित दोनों ही शुद्ध जल-वायु में रहने वाले, चिन्तारहित स्वभाव व खूब शारीरिक परिश्रम करने वाले, खुशमिजाज तथा दूध, दही, घी, शाक-सब्जी, मौसमी और सस्ते फल आदि का उपयोग करने वाले हैं।

आप भी इन लोगों के गुणों को अपना कर दाम्पत्य जीवन में प्यार के नित नये रंग भर सकते हैं। मुख्य तथ्य यह है कि दम्पत्ति सम्भोग के बाद आराम करके अपने को तरोताजा अनुभव करे। सम्भोग के बाद थकान, चिड़चिड़ापन, दर्द आदि महसूस होना इस बात का संकेत है कि आप अपनी सीमा लाँघ रहे हैं।

आज के जमाने में एक या दो बच्चों को जन्म देना ही पर्याप्त है ताकि आप सरलता से उनके लालन-पालन, शिक्षा, कैरियर आदि पर धन खर्च कर सकें।

सफल सम्भोग के उपाय

1. पति-पत्नी दोनों उन कामक्रीड़ाओं तथा सम्भोगासनों आदि के बारे में एक दूसरे को बतायें जो उन्हें अधिक सुख देती हैं। इसमें संकोज करने से कोई लाभ नहीं है।
2. दोनों अपने अन्दर यह आत्मविश्वास रखें कि उनमें अपने पार्टनर को चरमसुख देने की शक्ति तथा संयम है।
3. अपनी शक्ति के बारे में सन्देह नहीं करें और मन में किसी प्रकार का संकोच या भय नहीं लायें।

4. प्रणयक्रीड़ाओ तथा सम्भोग क्रिया में प्रेमभाव से जायें, जल्दबाजी से बचें। एक दूसरे को चरमसुख पाने में सहायता दें।

5. पत्नी जब पूर्ण रूप से कामोत्तेजित हो जाये, तभी योनि में लिंग प्रवेश आराम से करें।

6. जो भी अधिक उत्तेजना अनुभव करे वह गहरी साँस लेकर उसे पूरी तरह निकालकर गुदा को संकुचित करे अर्थात् ऊपर की ओर खींचे। इसे ही योग में मूलबन्ध लगाना या अश्विनी मुद्रा कहते हैं। इसका नित्य अभ्यास कर स्तम्भन शक्ति को बढ़ाया जा सकता है। स्त्री-पुरुष दोनों इसका सम्भोग के समय प्रयोग करके अपने-अपने स्खलित होने के समय को बढ़ा सकते है।

7. सम्भोग के समय नकली छींक लेने, साँस बाहर निकालने और खाँसने से भी सम्भोग समय बढ़ जाता है। इस क्रिया में स्त्री द्वारा बार-बार मूलबन्ध लगाने से योनि में संकुचन होता है जिससे स्त्री-पुरुष दोनों को चरमसुख (Orgasm) पाने में सहायता मिलती है।

8. पुरुष को चाहिए कि वह अपने लिंग के प्रहारो की गति को धीरे-धीरे बढ़ाये, फिर कभी तेजी लाये तो कभी कुछ क्षणों के लिए रुक जाये। इससे उसे और पत्नी दोनों के सुख में वृद्धि होगी।

अन्त में....

हम आशा करते हैं कि प्रस्तुत पुस्तक में आपकी संपूर्ण जिज्ञासाओं का समाधान मिल गया होगा। सेक्स संबंधी अन्य जानकारियों के लिए आप हमारे यहाँ से इस विषय पर प्रकाशित दूसरी पुस्तक लेकर अपने ज्ञान में वृद्धि कर सकते हैं।

RAPIDEX ENGLISH SPEAKING COURSE/EXCEL ENGLISH SPEAKING COURSE

ISBN : 9789381448908
(Telugu)

ISBN : 9789381448915
(Bangla)

ISBN : 9789381448922
(Oriya)

ISBN : 9789381448939
(Assamese)

ISBN : 9789381448946
(Nepalese)

Published in sixteen languages
Hindi, Malayalam, Tamil, Telugu, Kannada, Marathi, Gujarati, Bangla, Oriya, Urdu, Assamese, Punjabi, Nepalese, Persian, Arabic and Sinhalese

REGIONAL LANGUAGE/SPOKEN ENGLISH/LEARNING COURSES

ISBN : 9789357940054
(Bangla)

ISBN : 9789357940016
(Bangla)

ISBN :9789357940023
(Bangla)

ISBN : 9789357940085
(Bangla)

ISBN : 9789357940825
(Bangla)

ISBN : 9789357940092
(Bangla)

ISBN : 9789357940009
(Bangla)

ISBN : 9789357940030
(Bangla)

ISBN : 9789357941300
(2 Colour Book)

ISBN : 9789357940061
(Bangla)

ISBN : 9789357940047
(Bangla)

ISBN : 9788122310924
(Bangla)

ISBN : 9789357940078
(Bangla)

ISBN 9789350570357
(Kannada)

ISBN : 9789350571200
(Kannada)

ISBN : 9789350570340
(Kannada)

ISBN : 9789350570944
(Kannada)

(Coming Soon)
Marathi

ISBN : 9789350570951
(Kannada)

ISBN : 9789350571309
(Kannada)

ISBN : 9789350571828
(Gujarati)

ISBN : 9789350571781
(Gujarati)

ISBN : 9789350571811
(Marathi)

ISBN : 9789350571804
(Marathi)

ISBN : 9789381384138
(Tamil)

ISBN : 9789381384121
(Tamil)

(Coming Soon)
Punjabi

ISBN : 9789357940153
(Eng.-Bangla)

ISBN : 9789357940399
(Eng.-Kannada)

ISBN : 9789357940375
(Eng.-Odia)

ISBN : 9789357940382
(Eng.-Telugu)

ISBN : 9789357941358
(Eng.-Malayalam)

ISBN : 9789357941327
(Eng.-Tamil)

ISBN : 9789357940856
(Eng.-Marathi)

ISBN : 9789357940849
(Eng.-Gujarati)

(Coming Soon)
Kannada

ISBN : 9789357941334
(Eng.-Assamese)

ISBN : 9789357941341
(Eng.-Urdu)

ISBN : 9789350570760
(Telugu)

ISBN : 9789350570098
(Telugu)

ISBN : 9789350571699
(Bangla)

ISBN : 9789350571125
(Bangla)

ISBN : 9789357940146
(Kannada)

ISBN : 9789357940139
(Kannada)

(Coming Soon)
Gujarati

ISBN : 9789350571620
(Odia)

ISBN : 9789350571118
(Odia)

ISBN : 9789350570982
(Marathi)

ISBN : 9789350571835
(Marathi)

ISBN : 9789357940795
Bangla

ISBN : 9789357940801
Odia

ISBN : 9789357940818
Telugu

All Books Available on Flipkart, Amazon, Infibeam, Snapdeal, Shopcluse • marketing@vspublishers.com

V&S OLYMPIAD SERIES FOR CLASSES 1-10

MATHS OLYMPIAD (CLASS 1-10)

ISBN : 9789357940504 ISBN : 9789357940511 ISBN : 9789357940528 ISBN : 9789357940535 ISBN : 9789357940542

ISBN : 9789357940559 ISBN : 9789357940566 ISBN : 9789357940573 ISBN : 9789357940580 ISBN : 9789357940597

SCIENCE OLYMPIAD (CLASS 1-10)

ISBN : 9789357940405 ISBN : 9789357940412 ISBN : 9789357940429 ISBN : 9789357940436 ISBN : 9789357940443

ISBN : 9789357940450 ISBN : 9789357940467 ISBN : 9789357940474 ISBN : 9789357940481 ISBN : 9789357940498

CYBER OLYMPIAD (CLASS 1-10)

ISBN : 9789357942102 ISBN : 9789357940603 ISBN : 9789357940610 ISBN : 9789357940627 ISBN : 9789357940634

ISBN : 9789357940641 ISBN : 9789357940658 ISBN : 9789357940665 ISBN : 9789357940672 ISBN : 9789357940689

ENGLISH OLYMPIAD (CLASS 1-10)

ISBN : 9789357940696 ISBN : 9789357940702 ISBN : 9789357940719 ISBN : 9789357940726 ISBN : 9789357940733

ISBN : 9789357940740 ISBN : 9789357940757 ISBN : 9789357940764 ISBN : 9789357940771 ISBN : 9789357940788

OLYMPIAD ONLINE TEST PACKAGE (CLASS 1-10)

ISBN : 9789357941754 ISBN : 9789357941761 ISBN : 9789357941778 ISBN : 9789357941785

ISBN : 9789357941792 ISBN : 9789357941808 ISBN : 9789357941815 ISBN : 9789357941822

ISBN : 9789357941839 ISBN : 9789357941846

OLYMPIAD ONLINE TEST PACKAGE CLASS 1-10 with CD with Activation Voucher web Portal: www.vsexamprep.com

OLYMPIAD COMBO PACK (4 BOOK SET)

ISBN : 9789357942003 ISBN : 9789357942010 ISBN : 9789357942027

ISBN : 9789357942034 ISBN : 9789357942041 ISBN : 9789357942058

ISBN : 9789357942065 ISBN : 9789357942072 ISBN : 9789357942089

ISBN : 9789357942096

CLASS 1-10 ENGLISH, MATHS, CYBER, SCIENCE OLYMPIAD 4 BOOKS SAVER COMBO PACK

All Books Available on Flipkart, Amazon, Infibeam, Snapdeal, Shopcluse • marketing@vspublishers.com

CAREER & BUSINESS/SELF-HELP/PERSONALITY DEVELOPMENT/STRESS MANAGEMENT

ISBN : 9789381588789 | ISBN : 9789350571637 | ISBN : 9789381588512 | ISBN : 9789381588963 | ISBN : 9789381588598 | ISBN : 9789381384039 | ISBN : 9788192079622 | ISBN : 9789350570753 | ISBN : 9789381384

ISBN : 9789381384541 | ISBN : 9789350570968 | ISBN : 9789381384527 | ISBN : 9789381588666 | ISBN : 9789381384541 | ISBN : 9789381384107 | ISBN : 9789350571187 | ISBN : 9789381588574 | ISBN : 978938158

ISBN : 9789381588222 | ISBN : 9789381384213 | ISBN : 9789381588772 | ISBN : 9789381588949 | ISBN : 9789357940108 | ISBN : 9789381384152 | ISBN : 9789381384145 | ISBN : 9789381448564 | ISBN : 978938138

  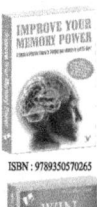     

ISBN : 9789381448595 | ISBN : 9789381448670 | ISBN : 9789381588253 | ISBN : 9789381448755 | ISBN : 9789381448649 | ISBN : 9789381384480 | ISBN : 9789350571309 | ISBN : 9789381448632 | ISBN : 978938138

ISBN : 9789381384091 | ISBN : 9789381384176 | ISBN : 9789350570265 | ISBN : 9789381588727 | ISBN : 9789350570128 | ISBN : 9789381588246 | ISBN : 9789381448687 | ISBN : 9789381448786 | ISBN : 978938144

ISBN : 9789381448526 | ISBN : 9789381384206 | ISBN : 9788122310689 | ISBN : 9789381384503 | ISBN : 9789381588505 | ISBN : 9789381448717 | ISBN : 9788192079646 | ISBN : 9789350570203 | ISBN : 97893505

  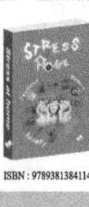     

ISBN : 9789381588741 | ISBN : 9789350571170 | ISBN : 9789381588215 | ISBN : 9789381384763 | ISBN : 9789350570296 | ISBN : 9789381588284 | ISBN : 9789381588543 | ISBN : 9789350571880 | ISBN : 978938158

ISBN : 9789350570579 | ISBN : 9789350571927 | ISBN : 9789350571545 | ISBN : 9789381384114 | ISBN : 9789381384435 | ISBN : 9789381448779 | ISBN : 9789381448991 | ISBN : 9789381384510 | ISBN : 9789381384169 | ISBN : 978935057

All Books Available on Flipkart, Amazon, Infibeam, Snapdeal, Shopcluse • marketing@vspublishers.com

STUDENT LEARNING/QUIZ/POPULAR SCIENCE/BIOGRAPHIES

ISBN : 9789357941310 ISBN : 9789357941495 ISBN : 9789381384053 ISBN : 9789381384060 ISBN : 9789381384121 ISBN : 9788122310924 ISBN : 9789381588468 ISBN : 9789381588604 ISBN : 9789350570494

ISBN : 9789350570470 ISBN : 9789350570487 ISBN : 9789350570500 ISBN : 9789350570586 ISBN : 9789350571248 ISBN : 9789350571248 ISBN : 9789350571743 ISBN : 9789381384299 ISBN : 9789381448052

ISBN : 9789381384305 ISBN : 9789381384954 ISBN : 9789381588819 ISBN : 9789350570371 ISBN : 9789350570388 ISBN : 9789350570395 ISBN : 9789350570401 ISBN : 9789350570364 ISBN : 9789381588444

ISBN : 9789381448977 ISBN : 9789381384459 ISBN : 9789381384930 ISBN : 9789350571682 ISBN : 9789381588864 ISBN : 9789381588673 ISBN : 9789350570111 ISBN : 9789381384312 ISBN : 9789381588680

ISBN : 9789350570258 ISBN : 9789350570227 ISBN : 9789381588499 ISBN : 9789381588338 ISBN : 9789381588345 ISBN : 9789381448656 ISBN : 9789381384558 ISBN : 9788192079639 ISBN : 9789350571019

ISBN : 9789350571026 ISBN : 9789350571033 ISBN : 9789350571040 ISBN : 9789350571057 ISBN : 9789350570999 ISBN : 9789350571002 ISBN : 9789350571064 ISBN : 9789350571071 ISBN : 9789350571088

ISBN : 9789350571101 ISBN : 9789381588321 ISBN : 9789381588307 ISBN : 9789381588567 ISBN : 9789350571163 ISBN : 9789350570517 ISBN : 9789381384183 ISBN : 9789381448625 ISBN : 9789381384794

ISBN : 9789381384190 ISBN : 9789381448793 ISBN : 9789381588192 ISBN : 9789381588802 ISBN : 9789381588970 ISBN : 9789350570777 ISBN : 9789381448427 ISBN : 9789350570555 ISBN : 9789350570548

All Books Available on Flipkart, Amazon, Infibeam, Snapdeal, Shopcluse • marketing@vspublishers.com

www.ingramcontent.com/pod-product-compliance
Lightning Source LLC
LaVergne TN
LVHW051201080426
835508LV00021B/2749
* 9 7 8 9 3 5 0 5 7 6 9 2 2 *